Thelonious
Monk

AO VIVO NO VILLAGE VANGUARD

Max Gordon

AO VIVO NO VI

INTRODUÇÃO Nat Hentoff

TRADUÇÃO Cid Knipel

LAGE VANGUARD

COSACNAIFY

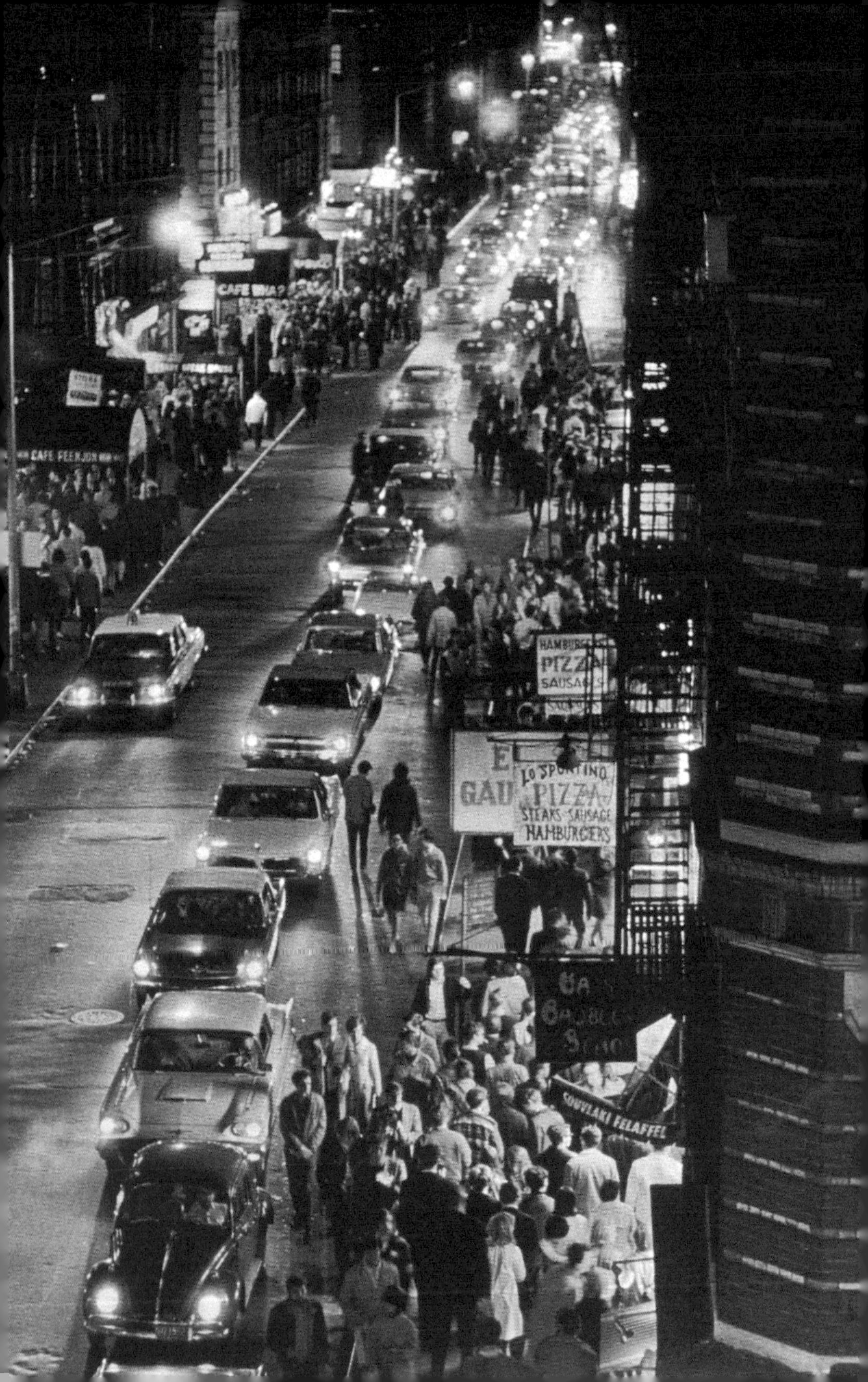
CAFE WHA?
CAFE FEENJON
PIZZA
LO SPORTINO
PIZZA
STEAKS SAUSAGE
HAMBURGERS
SOUVLAKI FELAFFEL

INTRODUÇÃO

Nat Hentoff

Como outras companhias seletas de mortais, os músicos de jazz têm sua própria demonologia. Talvez os espíritos mais malignos sejam os críticos, seguidos de perto por quase todos os empresários e a maioria dos funcionários de gravadoras. Mas um círculo especial nesse inferno é reservado aos donos de boate. Os críticos são imbatíveis em sua ignorância; os empresários são mentirosos incuráveis e os executivos das gravadoras nunca mostram números verdadeiros. Mas os donos de boate, assim reza a lenda, possuem *todas* essas características perniciosas e, de quebra, não possuem o menor interesse pela música.

Ou, como disseram vários músicos sobre alguns desses anfitriões – olhando fixo para eles nas longas horas do início da manhã –, "o sacana devia era administrar um açougue".

Entretanto, o dono de boate, como bem sabem os músicos, é *o* elemento vital na *gestalt* econômica para músicos em começo de carreira e para os que saíram de moda e desejam, quando os tempos novamente são outros, arriscar mais uma tacada. É a boate que propicia a exposição que pode resultar em contratos de gravação, atenção da crítica e apresentações em faculdades, festivais e em sedutores climas estrangeiros. Talvez o proprietário devesse estar administrando um açougue mas, de onde ele *está*, dispõe de muito poder para mudar vidas. De uma maneira ou de outra. Mais um motivo para ele não ser benquisto.

Como em tudo na vida, há exceções. Por mais de trinta e cinco anos, tenho escrito sobre músicos e, forçosamente, sobre as casas noturnas que os sustentam. Em todo esse tempo de noite, não ouvi de nenhum artista uma única palavra maledicente sobre Max Gordon, cujo Village Vanguard é a coisa mais próxima que temos da Camelot das casas de jazz. Não que ele tenha abrigado apenas jazz, é claro, como atestam estas memórias. Mas, por muito tempo, o Vanguard manteve uma fé especial no jazz durante os anos de seca em que Max poderia ter conseguido um ganha-pão muito maior investindo em mais tomadas elétricas e nelas conectando uma série de atrações roqueiras quaisquer.

Os músicos sabem que Max mantém a fé. Músicos do mundo inteiro. Na verdade, ele continuou com a música que respeitava e por vezes até preferia em lugar de ganhar dinheiro com fraudes do momento. Isso é mais do que certos músicos de jazz têm feito – como testemunham vários contorcionistas do *fusion* e do *crossover*. Um dono de boate que se preocupa mais com a música do que certos músicos! Por isso, agora vocês sabem por que Max é uma espécie de lenda entre os músicos e aqueles de nós que precisamos – e realmente quero dizer precisamos – de sua música.

Entretanto, não quero dizer que Max seja romantizado ou idealizado à medida que se aproxima da merecida beatificação. Também se sabe que Max sobrevive porque sabe dirigir um negócio. Por isso, ele não é nenhum Midas para os músicos. E embora não seja um administrador teutônico, ele espera que todos arranjem tempo e cuidem de *seus* negócios no palco. Dessa forma, ele não é o A. S. Neill* dos donos de boates de jazz.

Por outro lado, o que importa a Max realmente é mais que negócio. Muito mais. Eu o conheço desde que vim pela primeira vez a Nova

* Alexander Sutherland Neill (1883-1973), educador, escritor e jornalista, foi fundador da Summerhill School, na Inglaterra. Seu princípio pedagógico pressupunha a liberdade da criança em relação aos conteúdos escolares e o respeito a seu ritmo de aprendizado.

York, em 1953. O que mais me impressionou nele então – e ainda me impressiona – foi seu genuíno encantamento. Sua curiosidade. Como o leitor saberá a partir deste livro, Max sempre teve, como se dizia, orelhas grandes. Grandes e abertas. Ele vai dar ouvidos a quase tudo, mesmo que esteja além de sua experiência. E realmente *vai* ouvir – com expectativa. Muita coisa ele não vai comprar, mas pelo menos não se fecha automaticamente a nenhum som.

Essa abertura é rara. É rara entre críticos, e mesmo entre músicos. E Max tem outra dimensão ainda mais rara. Ele pode não gostar de um determinado caminho da música, mas consegue perceber por que ele é valioso, por que necessita de um espaço, por que precisa do Vanguard. Afinal de contas, Max é realmente avançado demais para limitar seus interesses apenas à música e a interpretações que ele possa curtir de imediato. Novamente é aquela sua curiosidade. E isso inclui tanto as pessoas que não fazem música como as que fazem. Como se vê nos reverberantes esboços que ele traça neste livro dos poetas clássicos do Village, da Baronesa do Jazz e muitos outros *habitués* do Village Vanguard.

O rápido discernimento de Max na busca movida por sua curiosidade é a fonte da energia deste livro. Rápida, mas indelevelmente, ele captou algumas das mudanças básicas de acorde na dinâmica de Charles Mingus, Lenny Bruce, Miles Davis, Joe Glaser, Sonny Rollins, Rahsaan Roland Kirk e outros. Um bom número dos chamados escritores profissionais não tem se saído tão bem, ainda que usando muito mais palavras. O negócio é que Max sabe escutar e observar enquanto está escutando. E uma outra coisa. Ele sabe escrever. E não creio que ele tenha aprendido isso décadas atrás no Reed College. Acho que ninguém jamais aprendeu a escrever na escola. Essa habilidade chega, quando chega, com o aprendizado de como sentir um ritmo e depois como se deixar levar por ele. Como no jazz. Realmente, minha hipótese do florescimento literário de Max Gordon é que suas raízes se encontram em todos os seus anos ouvindo jazz. E ouvindo o discurso maravilhosamente diverso dos que o faziam. Indo ao encontro de todas essas vozes obstinadamente individualistas durante cerca de meio século, Max encontrou a sua própria voz.

De qualquer maneira, seja como for que Max tenha se saído como escritor, ele criou aqui uma crônica singular no registro da vida urbana (especialmente de uma cidade grande) depois que escurece. Músicos e outros artistas já detalharam suas odisséias – com eles mesmos no centro do palco, claro. E houve relatos impressionistas de certas ruas e distritos de importância histórica na história do entretenimento. Mas esta é a primeira visão de longo alcance de um espaço vital e influente de alguém que viu tudo – durante todas as noites de sua existência.

E à medida que o leitor vir e ouvir, em cada capítulo, como esse espaço pôde abrigar filhos da noite tão extraordinariamente matizados – de Leadbelly a Lenny Bruce e Sonny Rollins – finalmente entenderá o que Max quer dizer quando diz que uma casa tem vida própria. E que é melhor que seu proprietário preste atenção aos ritmos e necessidades mutáveis dessa casa. Caso contrário, a casa perderá o calor.

É por isso que a maioria das boates, mais cedo e não mais tarde, cai na obscuridade. Os proprietários deixaram de ouvir ou, talvez, nunca souberam escutar além da caixa registradora. Aceitaram o exagero de empresários e disc-jóqueis ou procuraram nas paradas das revistas do ramo aquilo que poderiam pagar. Mas não tinham voz interior. Ou ouvido interno.

As casas noturnas que fazem sucesso por longos períodos são aquelas em que você entra mesmo quando não tem certeza de quem estará lá naquela noite. Você imagina que não vai ser um bêbado pretensioso ou algum superastro de dois acordes cuja principal influência de blues parece ter sido Henry Kissinger ou seu agente. Em suma, você espera que, seja quem for que administre a espelunca, ele terá auto-estima suficiente para ter agendado um artista de classe. Pelo que tenho visto, essa fé em uma boate se evidencia com mais freqüência no Village Vanguard do que em qualquer outro espaço que já conheci. E essa confiança vai mais longe. Você pode consultar o jornal para ver quem está tocando e o nome não lhe diz muito – quando diz. Mas desde que seja o Vanguard, vale a pena arriscar.

Ter criado esse grau de credibilidade – e o ter sustentado por tanto tempo – é um feito surpreendente. E há estudantes, seja de cultura popular ou de música clássica americana nativa (como Max Roach chama o jazz), que fizeram peregrinações ao número 178 da Sétima Avenida Sul, no Greenwich Village, para testemunhar, bem de perto, o verdadeiro repositório de gosto e discernimento responsável pela magnífica longevidade do Village Vanguard.

Cada um por sua vez desce os degraus íngremes e encontra, junto à entrada ou em seu lendário escritório na cozinha, um homem baixo, franzino, um pouco curvado, de fala mansa e olhar arguto e o que a princípio parece uma disposição lacônica para a conversa. Mas se a conversa – ou melhor, o conversador – o interessar, o Pai Fundador se abre e revela, além da ressonância da experiência adquirida que perpassa este livro, considerável calor. Que também está presente neste livro.

Max, embora essencialmente tímido, gosta de gente. De todos os tipos. Um requisito muito necessário para um anfitrião, principalmente no Greenwich Village, onde "todos os tipos" significa mais multiplicidade do que é possível imaginar mesmo na maior parte do país, ou do mundo. E, como na música, a diversidade dos clientes não incomoda Max. Muito pelo contrário. A imprevisibilidade daquilo que desce a escada toda noite é uma das coisas que o mantêm intrigado com sua linha particular de trabalho.

Em suma, o que ocorreu com Max Gordon – como ocorre com poucas pessoas – foi que ele encontrou uma verdadeira vocação bem cedo em sua vida. E teve a razão e a sensibilidade para saber qual era e alimentá-la. Ele tem sido um catalisador para milhares e milhares de pessoas que conheceram noites sonoramente memoráveis de música e comédia mordaz em seu estabelecimento. E ele também tem desfrutado – durante mais noites que as que custaram a Scherazade para contar as histórias que prolongaram sua vida. Não uma vida ruim. De forma alguma.

E foi por ser ele mesmo, por ser sua própria seção de ritmo e ignorar os modismos, que, em última análise, Max tem atraído ouvintes de todas as gerações. Ele não partiu em busca dos jovens. Ele imaginou que, com o tempo, alguns se sentiriam compelidos a descer aqueles degraus porque o que estavam ouvindo no rádio, nas discotecas e em outros lugares simplesmente não bastava. Não era desafiador. Na verdade, era até meio bobo.

Certa noite, alguns anos atrás, quando ainda havia uma conversa obtusa de que o jazz estava "morto" porque o rock o havia engolfado totalmente, fui caminhando até o Vanguard para ouvir Max Roach, um músico tão inflexível quanto Max Gordon é proprietário de boate. Imaginei que não haveria problema para entrar. Passava de meia-noite; Max Roach não figura em nenhuma parada *crossover*. E o jazz estava "morto", certo?

Havia uma fila. Uma fila que dava a volta por um longo quarteirão. Pessoas mais velhas, e pessoas em seus trinta e vinte anos de idade. E vários adolescentes. Pretos, brancos, asiáticos, o que fosse. Senti-me tão bem vendo aquela fila que, se eu tivesse grana, teria pago uma bebida para cada um deles. Em comemoração pela continuidade.

Lá embaixo, Max Gordon estava ouvindo a música e ao mesmo tempo, claro, supervisionando a casa. Ele parece ter vários olhos. E um deles não parava de olhar para a escada abarrotada de pessoas ansiosas para entrar no espaço pequeno, esfumaçado e pulsante. Não porque era chique estar ali. Mas porque pessoas sérias – muitas vezes com humor festivo e sério – estavam dizendo coisas dali daquele tablado que elas precisavam dizer, houvesse ou não uma platéia diante delas. Dava para sentir sua paixão saindo para o salão, e à medida que o número prosseguia, descobríamos mais de nossas próprias emoções submersas do que imaginávamos pudesse haver ali.

É um espaço especial que perdura devido à paixão. A de seus artistas e a do homem alerta, vigiando a escada para saudar, à sua maneira modesta, cada um dos viajantes noturnos para a luz da improvisação.

PRÓLOGO

Para Rebecca, Deborah, Lorraine, e para Sarah

Minha mãe nos trouxe para Nova York em 1908 – eu, meu irmão e duas irmãs – para a Ilha de Ellis, vindo da Lituânia, onde nasci, ao encontro de meu pai, que alguns anos antes emigrara para a América para construir um lar na terra prometida. Meu pai se fixou em Providence, Rhode Island, alugou um cavalo e uma carroça e saiu mascateando ovos, manteiga, queijo, arenque, de casa em casa. No momento em que chegamos, ele já tinha uma loja, com cômodos nos fundos da loja para os quais nos mudaríamos.

Enquanto isso, um primo da mesma *shtetl* próxima a Vilna, de onde viemos, escrevia do Oregon cartas entusiasmadas a meu pai falando das grandes oportunidades econômicas no oeste. Assim, em 1911, meu pai deixou sua loja em Providence, que estava capengando, a cargo de minha mãe, viajou sentado num trem durante quatro dias e quatro noites, e chegou a Portland, Oregon.

Com a ajuda de seu primo, meu pai começou novamente com um cavalo e uma carroça. Ele percorreria as fazendas adjacentes e entraria pelas montanhas do leste do Oregon, onde viviam os caçadores, e compraria couro cru e peles que traria para Portland para serem embarcadas para St. Louis, Missouri. Quando conseguiu guardar dinheiro suficiente, trocou seu cavalo e a carroça por um caminhão Ford. Aprendeu a dirigi-lo e enviou cinco passagens de trem para Providence para irmos ao seu encontro.

Eu cresci em Portland, Oregon. Fiz a escola primária, a secundária e ingressei no Reed College, onde me formei em 1924. Meu pai não encontrou ouro no final do arco-íris no Oregon, dirigindo seu caminhão Ford. Nós, crianças, tínhamos de sair e ir à luta. Vendi jornais nas ruas de Portland até o dia em que me formei em Reed. Minhas irmãs receberam o diploma do secundário e foram trabalhar para ajudar a pagar o aluguel para que meu irmão e eu, "os rapazes da família", pudéssemos ir para a faculdade.

Lá estava eu, recém-saído do Reed College, com especialização em literatura. Meu pai e minha mãe queriam saber o que eu ia fazer da vida agora que havia me formado. *Eles* sabiam o que eu devia fazer – estudar para ser um advogado. Queriam um advogado na família. Eu não queria ser advogado. Eu não sabia o que queria ser, mas não queria ser advogado.

"Qual o problema, o direito não é bom o bastante para você?"

Eu achava o direito uma profissão predatória. Agora vocês sabem o que estava me devorando.

Com meu irmão não havia problema. Ele sabia o que queria ser. Meu pai e minha mãe lhe disseram. Ajudaram-no a fazer as malas e ele partiu de Portland para Cincinnati, Ohio, para estudar para ser rabino, graças a Deus, como eles queriam que ele fizesse. Com ele não havia problema.

Eu havia começado um curso de um semestre de redação criativa no Reed College, mas nunca terminei. Como poderia dizer isso a meu pai e minha mãe? Eu não queria alarmá-los com idéias estranhas e fantasiosas sobre o que eu gostaria de fazer de minha vida.

Meu pai e minha mãe não desistiram. "Você vai se dar mal se não tomar jeito. Isso é o que vai acontecer com você", disse-me minha mãe um dia na cozinha. "Vá, vá para Nova York se é para lá que você quer ir. Quando chegar lá, encontre um trabalho de meio período, está ouvindo? Você terá de fazer isso. E matricule-se na Faculdade de Direito de Columbia. Depois que estiver lá dentro, você mudará de opinião sobre o direito."

Assim, em 1926, cheguei a Nova York, encontrei um trabalho para lecionar inglês para imigrantes, e passei pelos procedimentos de matrícula na Faculdade de Direito de Columbia. Fiquei seis semanas. Deixei o Livingston Hall do campus de Columbia e peguei o metrô para o Greenwich Village, para onde estava inclinado a ir desde que pus os pés em Nova York.

Mal sabia eu quando desci no Village que acabaria abrindo uma boate, um ponto no Village. Eu nunca havia entrado numa boate antes. Não tinha dinheiro e não sabia nada sobre como administrar uma. Ainda sem dinheiro e sem experiência, tropecei num dos ramos mais duros e mais vulneráveis do mundo. E aqui estou, quase cinqüenta anos depois, ainda nessa, ainda administrando o mesmo lugar: o Village Vanguard – aberto toda noite – a boate mais antiga de Nova York, segundo me dizem.

Um antigo cliente, que eu não via fazia vinte anos, certa noite entrou na Vanguard. "Agora eu não venho muito aqui", foi a primeira coisa que ele disse após um drinque. "Agora meu filho e minha filha é que vêm aqui. Mas me lembro de quando eu praticamente morava aqui. Quando ia para a NYU, toda sexta-feira à noite – minha noite de folga – onde eu terminava senão no Village Vanguard? Sim, senhor!"

"Eu li sobre este lugar – li que a *New Yorker* chama vocês de 'o mais prestigioso clube de jazz da cidade'. O que há de prestigioso nisso? Eu me lembro de quando Dyer-Bennet tocava alaúde aqui."

Ele riu.

"Você não gosta de jazz?"

"Meus filhos gostam. Na época você tinha música folk: Leadbelly, Josh White, Burl Ives, Pete Seeger. Eu estava aqui na noite em que Harry Belafonte estreou. Em que ano foi? Em que ano foi que Judy Holliday e aqueles cinco garotos trabalharam aqui? Na época ela tinha dezessete anos."

"1940! Minha nossa! Quantos anos *eu* tinha então?"

"Meus filhos me contaram que você não tem mais comediantes aqui. O que aconteceu?"

"Agora temos música, música de jazz."

"Eu sei. Eu li na *New Yorker.*

"Eu me lembro de Pearl Bailey aqui e da 'maior autoridade do mundo', Irwin Corey, um sujeito engraçado. E de Woody Allen e Lenny Bruce. E você também tinha alguns cantores muito bons: Dinah Washington, Maxine Sullivan, Johnny Mathis. O que aconteceu com Anita O'Day? Foi para a Califórnia... é isso aí... onde o sol nunca se põe.

"Minha mulher provavelmente está se perguntando que diabo aconteceu comigo. Que tal outro drinque? O bar tá fechado? Você tá brincando. Puxa, eu me lembro de quando você não tinha licença. Eu trazia minha própria garrafa e podia tomar um drinque a hora que quisesse."

Estava na hora de fechar, mas ele não queria ir para casa. Nem eu.

"Meus filhos me contaram que você escreveu um livro. Quem o escreveu?"

"Eu escrevi."

"Você e quem mais?"

"Eu, eu o escrevi, senhor."

"Não me leve a mal. Eu adorava esse lugar, ou não estaria falando com você desse jeito. Sobre o que é esse livro?"

"O Village Vanguard, é sobre isso."

"E quanto ao Blue Angel? E algumas outras casas que você abriu e fechou na cidade?"

"Abri e fechei. Certo. Acho que é sobre isso também."

"Então você escreveu um livro. Como você achou tempo? Meus filhos me disseram que você está aqui toda noite."

"Eu o escrevi nas manhãs antes do sol nascer, à mão. Ao vivo no Village Vanguard."

Como foi que o Vanguard e eu sobrevivemos? Como foi que entrei no ramo de boates? Este livro é minha resposta a essas perguntas insistentes de clientes, entendidos e amigos. Aqui está uma amostra de minhas aventuras e encontros ao longo do caminho, contendo algumas reflexões sobre o jazz, sobre o que funciona em uma boate e sobre outros assuntos. Algumas pessoas parecem surpresas ao saber que o Vanguard tem um dono. Sei o que querem dizer. Metade do tempo eu me sinto como se a casa fosse minha dona.

UMA VOZ DO PORÃO

Administrar uma casa noturna é duro, mas os anos que passei no Village até abrir uma foram mais duros. Eu estava morando em um quarto a seis dólares por semana com um banheiro no corredor, no quarteirão do Strunsky, na rua 3 Oeste. Strunsky (ainda posso ouvir sua respiração asmática quando ele subia a escada cobrando o aluguel) era um lendário senhorio do Village, dono de um quarteirão em ruínas limitado pela Washington Square Sul e ruas Sullivan, MacDougal e 3 Oeste. Ele era o tipo de senhorio para quem você podia dever uma semana, duas semanas e até um mês de aluguel. Uma geração de moradores do Village deve a Strunsky sua sobrevivência durante a Depressão.

Pendurei um terno em um dos cabides de arame deixados pelo último inquilino, pus no chão minha máquina de escrever de segunda mão, dei uma olhada em volta e percebi que estava tudo bem para dormir. Eu não queria passar mais tempo do que era preciso nesse quarto.

A lanchonete do Stewart na Sheridan Square era na época a preferida do Village. Você sempre podia encontrar alguém lá disposto a conversar. Assim, eu dormia o dia todo e ficava no Stewart toda noite.

Agora que eu estava no Village, que diabo eu ia fazer da vida? Eu tinha de comer, pagar o aluguel e os poucos dólares em meu bolso estavam rapidamente se acabando. Eu teria de fazer alguma coisa, encontrar algo, de preferência algum trabalho à noite para que eu tivesse os dias para estudar a situação, massagear meu ego, ver o que podia rolar. Não deveria ser um emprego que me prendesse, mas um bico até que pintasse algo certo, embora eu não fizesse a menor idéia do que poderia ser esse algo certo.

Meu primeiro trabalho foi em um sótão no começo da Quinta Avenida, uma firma de vendas por correspondência onde me encarregaram da tarefa de ler cartas comerciais antes de elas serem "personalizadas" por um processo automático de datilografia. Eu trabalhava das seis da tarde às duas da madrugada e odiava cada minuto desse trabalho. Às duas da manhã eu ia para a lanchonete do Stewart e ficava na rua até o sol raiar.

Fiz isso durante um ano. Uma noite resolvi que já bastava. Assim, na noite seguinte fui para a Grand Central, passei quatro dias e quatro noites em um trem e cheguei em casa, em Portland, Oregon. Meu pai falou comigo sem ressentimentos e minha mãe cozinhou e assou para marcar minha volta ao lar. Mas senti o fardo frio da preocupação e da desaprovação de ambos. Seis meses depois eu estava de volta ao Village em uma mesa na lanchonete do Stewart.

Encontrei trabalho em uma empresa de propaganda operada apenas pelo dono, ajudando o chefe a montar um catálogo para uma firma de instalações elétricas na rua 14 Oeste. Meu trabalho era escrever descrições breves e sucintas de dispositivos elétricos. Fui demitido. Em seguida, saí para a rua em resposta a uma placa na vitrine de uma delicatessen no bairro das peles: Precisa-se de balconista. Fiquei 10 minutos. Eu não conseguia segurar duas xícaras na mão esquerda e usar a mão direita para servir o café. Eu só conseguia encher uma xícara de cada vez, o que não era suficiente para uma movimentada delicatessen. Eu não servia para balconista.

Meses se passaram e não procurei emprego. Eu não queria um emprego; eu poderia sobreviver sem emprego.

Quando se estava duro, o melhor lugar que eu conhecia para estar era o Greenwich Village. Você sempre consegue filar um cigarro, uma xícara de café, até uma cama para passar a noite.

Um freqüentador do Village, em um de seus momentos mais francos, me disse certa vez: “Eu vou até a lanchonete do Stewart, pego uma comanda, apanho uma bandeja, vou até o balcão dos quentes e peço o rosbife ao ponto com dois legumes. O balconista fura minha comanda. Levo a bandeja para uma mesa e me sento. Quando acabo de comer, fico sentado e espero. Sem pressa nenhuma. Tem dias que fico sentado lá por mais tempo que eu gostaria. É uma coisa boa o Stewart estar aberto a noite toda. Nunca falha, alguém que conheço vai entrar, alguém que tem sessenta centavos e paga a minha fiança”.

Quando as coisas ficavam realmente difíceis, eu retomava a velha rotina, percorrendo as colunas de classificados dos jornais matutinos: o *Times*, o *World*, o *Herald-Tribune*, em busca de prováveis trabalhos. Um dia encontrei este anúncio:

> Procura-se redator para revista pequena que atende a avenida Madison e a comunidade financeira. Nenhuma experiência necessária.

Parecia ser o tipo de trabalho que eu estava procurando. Consegui o emprego. Não pagavam salário. Eu trabalhava na base de comissão.

Eu chegava por volta das dez da manhã na sala do editorial na rua Beekman. Havia cinco funcionários, às vezes seis; o número e a composição mudavam diariamente. O editor-chefe, um homem alto, magro, o rosto oculto por óculos escuros verdes, já estava lá. Ele pesquisara as páginas empresariais e financeiras dos jornais matutinos e tinha prontos para nós pequenos artigos, a maioria pessoais, do que havia acontecido durante a noite na comunidade dos negócios e anúncios: um vice-presidente promovido a presidente de uma grande empresa; uma conta gorda que ia para uma agência de propaganda; uma executiva criativa que agora chefiava homens que antes a chefiavam; uma nova embalagem para um velho produto; uma operação de futuro envolvida na aquisição de outra companhia; homens nomeados para o exterior – todos esses artigos estavam prontos para o tratamento editorial da equipe.

Meu trabalho era escrever uma matéria elogiosa de trezentas palavras, um cozido, saudando o evento que havia recebido o cavalheiro ou a dama de quem eu nunca tinha ouvido falar até aquela manhã.

Vendedores manejando telefones na sala ao lado se apressavam a ligar para o camarada que seria tema do artigo produzido por "nossos repórteres investigativos" para que ele o lesse em busca de omissões e correções. O dito artigo estava programado para sair na próxima edição da revista *The Commercial Reporter* na semana seguinte. Será que não gostariam de reservar cópias do artigo para si, seus parentes e amigos? Cem cópias, quinhentas, mil cópias? Custo: trinta e cinco centavos por exemplar, pagamento contra entrega. Um mensageiro rapidamente faria a entrega.

Vocês ficariam surpresos ao saber quantos caíam na arapuca. Eu ganhava vinte e cinco por cento do pedido. Trabalhei seis meses ali e nunca vi um só exemplar publicado do *Commercial Reporter*.

Uma noite conheci uma garota chamada Ann na lanchonete do Stewart. Na noite seguinte fui até o Paul's Rendezvous, na rua Wooster, onde ela, vestida num pijama cor-de-rosa, trabalhava como garçonete em troca de gorjetas. Ann era uma garota atraente, loira, desinibida, com as maçãs do rosto salientes e uma risada solta. Essa foi minha primeira visita ao Paul's.

Na verdade, eu nunca havia estado em uma boate antes. Pelo que me lembrava, não havia nenhuma em Portland. Durante meus anos de universitário no Reed, os estudantes mais corajosos se encontravam em um apartamento clandestino para beber o gim local. Eu me lembro do gosto terrível daquele gim. Lembro-me de uma garota tapando o nariz para engolir, tragar sem derramar nem vomitar. Isso foi o máximo a que chegara minha experiência de vida noturna antes de vir para o Village.

Ann me cumprimentou como a um velho amigo, levou-me até um reservado onde ela estava sentada com alguns amigos ou clientes, não consegui saber ao certo, e me apresentou. Era a sociedade informal de Greenwich Village e me senti em casa. Ela se sentou ao meu lado. Sempre que seus deveres de garçonete a chamavam, ela se levantava, depois voltava e retomava o seu lugar.

"Essa era uma autêntica espelunca do Village quando comecei a trabalhar aqui", disse ela. "Mas o Paul deixou que o Bronx e o Brooklyn entrassem e estragassem a espelunca. Ele não sabe disso, mas vou sair na primeira chance que eu tiver."

Ali estava eu achando o lugar sensacional e Ann me dizendo o quanto o lugar havia se tornado horrível.

"Aquele é John Rose Gildea, o poeta", cochichou Ann. Era a primeira vez que eu via um poeta ao vivo. Eu conhecia pessoas que escreviam poesia. Nós tínhamos aquele tipo em Portland. Mas essa foi a primeira vez que vi um poeta que não só era poeta mas também parecia poeta – cabeça grande, cabelos compridos, olhos ávidos, camisa aberta na garganta. No momento, John estava se servindo um drinque que parecia ser gim.

Depois disso, passei a ir ao Paul's toda noite e ficar por ali até a hora de fechar, quatro da manhã, para levar Ann para casa. Caminhávamos pela rua 4 Oeste até a lanchonete do Hubert, um ponto de encontro do Village aberto à noite inteira e onde Ann conhecia todo mundo. Eu apanhava um par de xícaras de café do balcão e levava para uma mesa e nos sentávamos.

"Eu não devia colocar os pés nessa espelunca", disse-me Ann certa noite. "O velho Hubert é um nojento: o coitado do Joe Gould usa uma tigela inteira de catchup e mostarda, e o que é que o velho Hubert faz? Retira todas as vasilhas de mostarda e catchup das mesas. Eu devia era boicotar esse buraco."

"Quem é Joe Gould?", perguntei.

"Ele é um poeta que gosta de mostarda e catchup", disse Ann, rindo. "Nunca mais o vi no Paul's. O Paul não deixa mais ele entrar."

Ann viera ao Village de uma fazenda no Wisconsin, com uma escala em Chicago, cerca de dois anos antes. Ela era uma menina robusta, autoconfiante. Quando chegou aqui, conheceu um músico de Iowa que estudava piano clássico e dirigia um táxi à noite. Ela se mudou para a casa dele. Alguns meses depois, quando descobriu que ele tinha se relacionado com um homem, ela se mudou. Não teria se mudado se tivesse sido com outra mulher. Com outra mulher ela poderia lidar, mas com um homem era diferente.

Assim, Ann se mudou para um quarto mobiliado que dava para a Washington Square, o lado mais caro do quarteirão do Strunsky. O velho Strunsky a deixou ficar com o quarto porque sabia que as gorjetas dela no Paul's podiam pagar o aluguel semanal de 15 dólares cobrado por aqueles quartos.

Quando eu tinha dinheiro, comprava uma garrafa de cerveja caseira de um supermercado da quadra e a levava em pé em uma sacola de papel para o quarto de Ann, cuidando para não agitar o fermento sedimentado no fundo da garrafa.

O quarto de Ann estava sempre abarrotado de amigos, vizinhos, excursionistas de fim de semana de Yale. Eu nunca sabia se ela já tinha ido para a cama ou se acabara de se levantar.

Em sua noite de folga do Paul's, Ann e eu dávamos uma rodada pelos outros lugares do Village: o Romany Marie's, o Gypsy Tavern, o Black Cat. Ann odiava todas elas. Romany Marie era uma esnobe; as duas irmãs em trajes camponeses que administravam o Gypsy eram impostadas demais; o Black Cat era escuro e ameaçador. Depois, tinha o Alimony Jail na rua 4 Oeste. Seus reservados com assentos de espaldar alto eram projetados para dar uns amassos e até transar. "Por que eles não vão para casa se é isso o que eles querem?", dizia Ann. O Fifth Circle na rua Varick era uma piada. O ex-rabino que o administrava apresentava seminários sobre sexo, com perguntas da platéia: uma mulher deve propor casamento a um homem? "Coisa de adolescente", dizia Ann. "De resto, tinha o que se tornou a lanchonete do Stewart. Contrataram um segurança, um leão-de-chácara musculoso para patrulhar o local. Não resta um só lugar decente no Village", era o seu veredito.

"Estou saindo do Paul's", anunciou Ann um dia. "Porque o que você acha que aconteceu ontem à noite? Graham Norwell, um tremendo artista, chegou à porta mais ou menos às duas da madrugada e o Paul não o deixou entrar. Está certo que Norwell estava bêbado e descalço. Deve ter perdido os sapatos pelo caminho. Bem, Paul não deixou ele entrar. Quatro anos atrás, Norwell pintara os murais do Paul's em troca de três garrafas de gim. Paul não se lembra disso. Na época ele o recebia todo contente, porque precisava dele.

"O problema do Paul", prosseguiu Ann, "é que ele também está ganhando uma porrada de dinheiro. Ele adaptou sua casa para servir uma multidão beberrona de turistas da zona norte que têm um monte de dinheiro para gastar. Por isso, ele não tem mais espaço para os duros do Village – os mesmos que o fizeram crescer, quando ele estava começando, cinco anos atrás. Esse é o Paul. Estou saltando fora. Não vou trabalhar para um cara desses", disse Ann, decidida.

"Por que nós – você e eu – não abrimos um lugar simples no Village?", disse Ann. Ela era impulsiva assim. "Um ponto de verdade no Village! Um lugar sem nenhuma frescura! Eu conheço todo mundo – todos os poetas: Max Bodenheim, John Gildea, Joe Gould, Eli Siegel, Bob Clairmont. Eles me seguiriam para onde eu fosse. Seria maravilhoso!"

"O que usaremos como dinheiro?", perguntei.

"Você não precisa de dinheiro para abrir um ponto no Village", disse ela. "Meu amigo Al, que gosta da atmosfera boêmia e de quebra empresta dinheiro – 50 paus para devolver 60 – nos arranjaria cem. Al gostaria de ter um dinheiro investido em um rendez-vous no Village onde ele pudesse encontrar garotas. Eu conheço Al."

"Mas que diabo eu sei sobre administrar um ponto no Village?"

"Eu administro. Eu lhe mostro os macetes."

Pensei naquilo. Pensei com tanto empenho que abrimos o Village Fair na rua Sullivan em 1932. Eu não tinha dinheiro nenhum além dos cem que tomei emprestado de Al. Eu não sabia o que estava fazendo. Mas, no começo, isso não parecia importar.

Eu havia sonhado com o tipo de lugar que gostaria de abrir no Village: um lugar tranqüilo, digno, o tipo de lugar que Sam Johnson freqüentava no século XVIII em Londres. Você entrava, encontrava seus amigos, ouvia as notícias do dia, lia os jornais diários fornecidos pela casa. Quando o lugar ficasse lotado à noite, como eu esperava que aconteceria, e a conversa se elevasse e exaltasse com inteligência e bons sentimentos, talvez um poeta do bairro se levantasse e declamasse alguns versos que ele teria composto para o entretenimento e a edificação dos presentes. Era esse o tipo de lugar que o Village Fair iria ser.

Uma semana depois que o lugar foi aberto, Ann desapareceu e me deixou segurando o rojão. Tive notícias dela depois de dois anos. Estava morando em Miami com um vendedor de livros didáticos.

Naqueles dias, a Lei Seca imperava. Os clientes traziam suas próprias garrafas. O Village Fair servia chá, café, sanduíches e refrigerantes e gelo. Antes que me desse conta, sem nada que eu tivesse feito ou planejado, o lugar assumiu uma dimensão que me tirou o fôlego.

Freqüentadores de fim de semana do Village e visitantes de outras cidades descobriram o Fair. Entravam com garrafas em sacolas de papel pardo, pediam copos e um balde de gelo, olhavam fixo para os poetas, os "malucos", entreolhavam-se e passavam a embebedar-se, tudo pela consumação mínima de 0,75 por pessoa. Era barato, conveniente e os clientes gostavam da "atmosfera boêmia". Não era mais lugar para o Dr. Johnson.

Durante a Lei Seca, se você desse um pulo na cidade para uma noite de entretenimento, você carregava consigo uma garrafa. Se por acaso a esquecesse, ou se sua garrafa secasse à meia-noite, e você estivesse dentro de alguma casa no Village, onde você iria conseguir outra garrafa?

Parado do lado de fora das casas noturnas do Village, sempre havia um sujeito que poderia arranjar uma. Você ia lá para fora, fazia o negócio, voltava para dentro, sentava e esperava. Sua garçonete o avisaria quando sua garrafa chegasse. Assim, você saía novamente, passava o dinheiro para o mensageiro, apanhava sua garrafa em uma sacola de papel pardo, e se juntava a seu grupo lá dentro. As delicadezas legais eram assim observadas. A venda era feita fora do recinto e o ponto ficava com a barra limpa.

Certa noite, um cara em mangas de camisa, que no final se revelou um tira, me deu ordem de prisão por lhe vender uma garrafa de gim. Eu não lhe vendi uma garrafa de gim. Eu não tinha nem coragem nem *know-how* para vender álcool na Nova York da Lei Seca. Mas esse tira, agindo no cumprimento de seu dever, em vez de ir lá para fora completar a transação, empurrou seu dinheiro à garçonete (acrescido de uma polpuda gorjeta) e lhe pediu que fosse lá fora e lhe trouxesse sua garrafa, como uma boa menina. Foi o que aconteceu. O dinheiro foi passado dentro do recinto. Depois de feita uma detenção, um policial uniformizado foi colocado no recinto para garantir que o crime que não havia acontecido não acontecesse novamente. Era assim que se fazia naqueles dias. Isso foi o fim do Village Fair.

Três meses depois, quando meu caso foi à justiça, consegui uma anulação, mas era tarde demais para salvar o Fair.

Nem tudo, porém, estava terminado, porque agora eu era procurado. Eu era um homem com um cortejo no ramo de boates, e assim Frankie Starch me ofereceu uma sociedade em seu "fala-baixo" da rua 3 Oeste, que andava decadente e vazio. Não precisava investir dinheiro. "Apenas entre e traga com você aquela multidão do Village Fair." Eu poderia tirar 40 por semana como sócio. Frankie tinha status no bairro como primo de Tony Bender, o chefe do Greenwich Village.

Eu não sabia no que estava me metendo. Quando descobri que Frankie mantinha um taco de beisebol nos fundos do bar, julguei que seria melhor saltar fora, embora eu deixasse seu ponto abarrotado em uma semana. Depois de dois meses propus que ele cuidasse de tudo sozinho. Ele não gostou, mas não arredei pé da decisão.

Assim, eu estava de volta ao ponto de partida, sem dinheiro e desempregado, freqüentando lanchonetes na Sheridan Square, perguntando-me quando e se alguma vez voltaria novamente ao trabalho.

Sem Harry, o encanador, acredito que jamais teria voltado.

“VOCÊ NÃO PRECISA DE DINHEIRO NENHUM”

Nem todo mundo que eu conhecia nas lanchonetes e outros pontos de encontro do Village eram artistas ou poetas. Alguns se ocupavam com ofícios mais domésticos. Harry Simon, por exemplo, era encanador e eletricista. Ele pintava e rebocava paredes, consertava vazamentos e privadas entupidas, exterminava baratas. Moradores do Village cujos aposentos necessitavam dessa atenção doméstica grosseira saíam em busca de Harry. Sabiam onde encontrá-lo. Normalmente depois da meia-noite, ele estava em uma mesa dos fundos da lanchonete do Hubert.

Baixo, atarracado, enfarruscado e de macacão, Harry estava sempre chegando de um trabalho no prédio da Federação dos Professores, nos escritórios do Sindicato Nacional dos Marítimos, ou na sede do Partido Comunista – aparentemente locais com necessidade constante de reparos.

Harry tinha um amigo, Barney, que possuía um caminhão. Se você fosse despejado e tivesse de mudar sua cama, cadeiras, livros e máquina de escrever para áreas mais hospitaleiras, você sabia onde encontrar Barney. Ele estava na mesa do Harry. Seu caminhão podia ser fretado se não estivesse parado para reparos em algum posto de gasolina de esquina.

O importante era que, se você não tivesse dinheiro à mão, Barney podia esperar pelo pagamento.

A irmã de Barney saía pelo Village procurando por ele, receando que ele pudesse estar em algum tipo de encrenca. Barney passara um ano em uma instituição para doentes mentais no norte do Estado, e ela tinha medo que ele pudesse, como aconteceu certa vez, sofrer uma recaída. "Se pelo menos as pessoas lhe pagassem o que devem", dizia ela, "eu não teria que me preocupar tanto com ele."

Em meus passeios pelo Village, descobri um porão na rua Charles que outrora havia sido administrado por Jack Delaney, com a placa "Imóvel Invadido" ainda pregada à porta da frente. Parecia um bom local para o que eu tinha em mente. O proprietário ficou feliz em passá-lo para mim – nenhum aluguel, nenhum acordo assinado; basta me dar 50 paus, o primeiro mês de aluguel, e mudar-se para cá.

A primeira pessoa com quem falei a respeito foi Harry, porque eu sabia que precisaria de um homem como Harry se algum dia fosse começar novamente no ramo de boates. Quando lhe perguntei se ele trabalharia comigo e se esperaria por seu dinheiro até que eu inaugurasse, ele disse: "Não me peça para jogar para o alto trabalhos que colocam o pão na minha mesa, como minha mãe dizia".

"Estou lhe dando minha palavra", disse eu a ele. "Faça um cartão de ponto. Depois que eu estiver com a casa funcionando eu lhe pagarei cada centavo."

"Como é que você vai chamar o lugar? Nem pense em Village Fair. Você não vai administrar um circo."

"É um porão", comecei.

"Então chame-o The Subway", disse Harry. "Não, não é isso. The Cellar. Não: Underground, esse é melhor. Tem mais significado."

"Underground". Experimentei enunciar para ver o tamanho. "Soa meio enganador. Eu gostaria de um nome mais aberto", disse eu.

Chutamos mais alguns nomes e Harry então propôs: The Village Vanguard.

"Eu gosto", disse eu.

Algo deve ter se passado com Harry por eu ter dito que gostava, que eu gostava do nome "Vanguard".

"Por um lugar chamado Vanguard", disse ele, "eu estaria disposto a esperar por meu dinheiro." Harry era esse tipo de sujeito.

Ficou acertado que Harry esperaria seu dinheiro até que o Vanguard fosse aberto, mas tive de prometer a ele que guardaria um pouco de dinheiro para cuidar de transações à vista e compras que ele poderia achar necessário fazer.

A primeira coisa que ele fez foi comprar duas latas de lixo. Depois ele achou algumas garrafas vazias de *ginger ale* num canto do porão, sem dúvida deixadas por Jack Delaney. Ele as usava para matar os ratos de esgoto que infestavam o lugar. Ele tinha uma pontaria fantástica e letal. No começo, trabalhamos à luz das velas de encanador que ele colocava no piso do porão. A Con Edison exigira um depósito de 75 dólares, eu não tinha 75 dólares, e assim Harry puxou a energia da linha do medidor que alimentava as luzes dos corredores das moradias acima da escada. Quando obtivemos alguma luz, Harry conseguiu varrer o local. Ele descobriu onde ficava a grade da calçada. Um bom lugar para o exaustor. "Eu sei onde posso arranjar um por 10 paus", disse ele. "Vamos precisar de uma escada." Eu ainda tinha dinheiro bastante para comprar uma escada de mão.

Eu sabia que teria de arranjar um pouco mais de dinheiro em algum lugar. Eu tinha um amigo, Harold Weinstein, que estava fazendo doutorado em história e russo na Columbia. Tomei o metrô para a rua 116 para encontrá-lo. Quando lhe contei para que eu precisava de 100 paus, ele disse que eu estava louco, mas me arranjou o dinheiro. Disse que teria de restringir seus jantares. (Nunca lhe devolvi aqueles 100. O pobre Harold foi a pique em um navio, em 1938 ou 1939, parte de um comboio que ia para Murmansk.)

Agora que Harry tinha um pouco de dinheiro para trabalhar, encontrou um fogão a gás de quatro bocas em um apartamento vazio na rua Jane, pagou 10 paus ao dono e o carregou nas costas escada abaixo para o nascente Vanguard. Algum morador do Village não tinha como manter seu piano de parede. Harry pagou 25 por ele. Barney o transportou por 10.

Descobri que poderia obter crédito em uma loja de tintas e ferramentas na rua Sullivan, que era administrada por dois irmãos, filhos de uma família italiana que havia imigrado para Nova York e se instalara no Village.

Os filhos de imigrantes italianos estavam sobrevivendo a sua primeira Depressão na América. Alguns partiam para os campos do CCC* administrados pelo governo. Era assim que suas preocupadas famílias os tiravam da rua. Outros ficavam pelas esquinas e portas de prédios, sem saber o que fazer da vida. Pegavam pequenos serviços de entrega de garrafas de bebida para as "lojas cordiais" que infestavam o Village. Em troca de uma gorjeta, eles apanhavam um táxi para quem precisasse. Assediavam transeuntes solitários por ruas escuras ou roubavam bêbados adormecidos no parque da Washington Square.

Mas havia alguns que abriam lojas, como os irmãos na rua Sullivan, ficavam em casa e ajudavam agregados com o aluguel e os mantimentos.

Imagino que me deram crédito porque tinham certeza de que seriam pagos. Eles tinham "primos" que os ajudavam a cobrar, dois ou três primos que chegavam com a conta assim que esta vencia. Eram educados, não falavam muito, esperavam três dias, uma semana, mas eu sabia que era melhor estar com o dinheiro no dia indicado, senão... Por isso eu me apressava, conseguia o dinheiro e pagava.

Um dia descobri que o Departamento de Polícia concedia licença para cabarés e que isso custava 50 paus por ano. Você preenchia uma solicitação em triplicata, mandava fazer três fotos de passaporte e levava tudo até a delegacia onde sumariamente colhiam suas digitais. Não só isso, mas me contaram que os poetas também tinham de ter suas impressões digitais tiradas, se quisessem recitar sua poesia no Vanguard, ou qualquer cantor de rua ou sapateador itinerante que pudesse caminhar e se apresentar em troca de algumas moedas de 25 centavos lançadas a seus pés. Eu teria de manter seus rostos e impressões digitais arquivadas para qualquer policial que cismasse de entrar e inspecionar a casa.

* Civilian Conservation Corps: programa de criação de empregos que enviava jovens para trabalhar em obras públicas, como ferrovias, parques nacionais etc. Criado em 1933 dentro da política do New Deal, de F. D. Roosevelt.

Além de tudo isso, o local precisava de duas saídas e dois banheiros para fazer jus a uma licença de cabaré. O Vanguard tinha apenas uma saída e um banheiro.

"Para o inferno com a licença de cabaré", disse eu.

"Certo", disse Harry. "Você não vai administrar um cabaré, uma fila de garotas erguendo as pernas, um cômico em pé contando piadas sujas. Isso é entretenimento. Um poeta tagarela não é entretenimento nenhum."

Decidi que abriria sem uma licença de cabaré. O Village Vanguard estava começando a ganhar forma.

O envolvimento de Harry com o crescente Village Vanguard dia a dia se aprofundava. Certa noite, depois de terminar de rebocar uma parede, ele disse a mim: "Um bom lugar para um mural. Conheço uma garota que pode pintá-lo, a maior pintora de murais de Nova York. Você pode pagar a ela depois que inaugurar, como a mim. Vou ligar para ela. Esse mural deve ser o centro, as entranhas do Vanguard!", disse ele.

Harry observava Kitty trabalhando no mural. Ele parava no meio de tudo o que estava fazendo e ficava lá, fascinado. O tema do mural era Nova York, as ruas de Nova York, uma cena evocando e celebrando Nova York. Kitty pintava rostos audazes e desafiadores de trabalhadores marchando e carregando faixas. Enquanto ela retocava os rostos, Harry disse: "Union Square! Uma manifestação na Union Square. É maravilhoso!".

Na noite da inauguração, Harry me levou até o mural. Harry estava bem barbeado e usava um terno, a primeira vez que o vi num terno. Ele queria que eu visse algo. O mural era iluminado por duas lâmpadas de 100 watts com arandelas que Harry havia instalado. Ele parou diante do mural, perguntou-me se eu via alguma coisa especial. Eu não vi nada de especial entre todos aqueles rostos. Eu tinha observado Kitty trabalhar no mural durante um mês

"Olhe bem", disse ele.

Olhei bem.

"Olhe mais de perto e depois olhe para mim", disse ele. "Vê aquele rosto?", perguntou, sorrindo e apontando. "Olhe pra ele. Olhe bem para ele. Sou eu. Está vendo? Sou eu!"

Abri os olhos e, por Deus, era Harry. Uma feição inconfundível de Harry entre todos os rostos no mural.

"Não fique bravo com Kitty. Eu pedi a ela para fazer isso." Ele pôs o braço ao redor de meus ombros. "Prometa-me que você não dirá nada a Kitty."

Eu nunca disse.

Fazia muito tempo que o mural estava terminado; o chão de cimento pintado em tom vermelho tijolo; o piano de parede estava afinado e aguardando num canto. Harry encontrou um pequeno rádio que seria útil para os intervalos. Na realidade, o Village Vanguard parecia estar pronto para abrir, exceto por uma coisa. Eu não tinha cadeiras nem mesas. Eu havia vasculhado a Bowery em busca de cadeiras e mesas de segunda mão, mas na Bowery era preciso pagar à vista e eu não tinha dinheiro.

"Vamos abrir sem cadeiras nem mesas", disse Harry. Mas fui contra. "Vamos esperar. Vai pintar alguma coisa."

Quando eu tinha dinheiro, costumava jantar o menu do dia de quatro pratos por 1,40 em um pequeno restaurante da rua Barrow chamado The White Whale, cuja dona era uma senhora peituda chamada Frances Bell. Nos verões ela administrava o White Whale de Provincetown, Massachusetts, e naquele ano ela se mudara para Nova York para a temporada de outono e inverno.

O prédio da rua Barrow tinha sido outrora um estábulo que abrigava os cavalos e a carruagem de uma velha família aristocrata e ficara vazio durante anos quando Frances descobriu o lugar. Ela se apaixonou por ele. Ela o queria tal como era: pé direito alto; paredes de tijolo; as tábuas largas e rangentes do assoalho; os dois fogões bojudos; e a velha forja ainda intacta e funcionando. Ela não mudaria nada. Espalhou algumas redes de pesca pelas paredes, colocou algumas âncoras aqui e ali e plugou algumas lanternas náuticas coloridas. Depois, instalou barris como bancos e barris maiores para apoio de pranchas para comer do lado de fora. Trouxe de Provincetown seu *chef* português. A comida era boa e de vez em quando eu podia pagar por ela.

Frances não sabia que o inverno de 1934 seria um dos mais inclementes que já assolaram Nova York. Os dois fogões bojudos e a forja que ela continuava abastecendo com toras de madeira e carvão eram inócuos contra as rajadas glaciais que assolavam o estábulo.

Entrei para jantar em uma noite de fevereiro. Havia quatro clientes encasacados sentados em barris, comendo. Sentei-me em um barril e pedi a sopa quente. Quando ergui a colher de sopa, ela estava tão fria que tive que devolvê-la rapidinho.

Frances, vestida em um casaco de pele, veio a mim e disse: "Não adianta".

Ela vinha esperando que o frio congelante diminuísse, mas parecia que isso jamais aconteceria. Ela tinha resolvido fechar e voltar para Provincetown. Eu poderia usar seus barris? Eu poderia ficar com eles por setenta e cinco dólares, que ela descontaria em contas vencidas depois que o Vanguard abrisse.

Barney transportou os barris para o Vanguard em seu caminhão. Harry os colocou ao longo das paredes e sobre o recém-pintado chão de cimento. Contratei Johnny, o *chef* português do White Whale, para se encarregar da cozinha.

Tudo estava a postos. Estávamos prontos para abrir.

No dia 26 de fevereiro de 1934, às nove da noite, liguei o rádio para que os primeiros a chegar fossem recebidos com música. Fiquei em pé junto à porta; eu era o caixa e o *maître*. Todas as lanchonetes no Village estavam vazias naquela noite. Às dez horas, hora do show, Maxwell Bodenheim se levantou e pediu silêncio. Saudou o novo Vanguard, depois recitou um de seus poemas e sentou-se. John Rose Gildea o seguiu, e depois Joseph Ferdinand Gould. Estavam todos contentes porque o Village Vanguard por fim vingara.

Permaneci em meu posto junto à porta até as quatro da manhã, observando tudo e todos, vigilante para qualquer aglomeração ou problema, tomando o pulso do salão. As pessoas estavam começando a sair e eu não parava de pensar: "eu abri, abri mesmo!".

Sempre há os retardatários na hora de fechar, mas também eles finalmente subiram a escada. Como era meu hábito, dei uma última olhada ao redor para ver se ficara alguma ponta de cigarro acesa por ali. Estava com as chaves na mão quando dois tiras chegaram descendo a escada.

"Você é o proprietário?", quiseram saber. Eu não disse nada. Eu era novo no ramo de boates, mas sabia o bastante para não dar uma resposta direta a um policial. Eles sabiam que eu era o proprietário e me entregaram o pedaço de papel que traziam. Era uma convocação para comparecer ao tribunal do Jefferson Market às nove horas daquela manhã para apresentar justificativa para o Vanguard não ser fechado por apresentar entretenimento sem uma licença.

Houve um momento tenso algumas horas depois, quando o juiz me perguntou o que eu tinha a dizer em minha defesa. Eu disse: "Meretíssimo, aquilo não foi nenhum entretenimento. Eram poetas recitando, entoando, declamando poesia um para o outro".

"Caso encerrado", disse o Meretíssimo.

Foi como o Vanguard funcionou durante um ano. Os tiras me deixaram em paz. Mas eu sabia que se quisesse chegar a algum lugar no ramo de boates, teria de encontrar outro lugar com dois banheiros, duas saídas, a pelo menos 60 metros de distância de uma igreja, sinagoga ou escola, e com o aluguel abaixo de 100 dólares mensais. Fiquei de saco cheio por ficar parado a noite toda em frente à porta do banheiro solitário da casa espantando clientes do sexo feminino quando havia um homem lá dentro.

E encontrei esse lugar, outro porão, um ex-"fala-baixo" na Sétima Avenida Sul que por dois anos ficara "fechado para reforma". Mudei-me para lá durante a noite. Barney fez cinco viagens de ida-e-volta com seu caminhão, transportando os barris e bancos de madeira, mesas e cadeiras usadas que eu havia juntado, o piano de parede, tudo exceto o fogão de cozinha. Havia no novo lugar um fogão Vulcan de seis bocas deixado pelo último "fala-baixo". Não perdi aquele negócio de ocasião.

E é onde hoje está o Village Vanguard.

POESIA E BIRITA,
OU UMA NOITE NO VILLAGE VANGUARD

Em 1935 Eli Siegel era o mestre de cerimônias do Village Vanguard. Ele comandava o show e apresentava os poetas e personalidades do Village que fizeram do Vanguard sua casa: Maxwell Bodenheim, John Rose Gildea, Joseph Ferdinand Gould, Genevieve Larssen, Harry Kemp, Jack Sellers, o poeta do Sindicato Nacional dos Marítimos, e outros, publicados e inéditos.

Eli apresentou Abraham Lincoln Gillespie Jr., o "Poeta da Cuspida", como o chamou. Ele explicou que Link era da Filadélfia, "morou vários anos em Paris – um exílio em Paris – mas agora está de volta à América e fixou residência no Greenwich Village. Link recitará seu famoso poema dadaísta que ele trouxe consigo de Paris, 'Willow Cafeteria'. Não quero que vocês percam nem uma palavra. Por isso, por favor, façam silêncio", avisou Eli.

Link se levantou, pôs de lado o cigarro, recusou o refletor e, com uma voz poderosa, começou seu famoso poema "Willow Cafeteria". Era um poema de três minutos – um murmúrio clangoroso de uma cozinha agitada, maluca, pratos se chocando, panelas e caçarolas explodindo, tudo misturado com gritos retumbantes de angústia. Link tinha voz para isso.

Ele parou tão subitamente quanto começara, curvou-se e se sentou. Essa era uma atração principal das noites e nunca falhou em fazer a casa vir abaixo.

Eli ficou famoso por ter ganhado o prêmio de poesia da revista *Nation* em 1925 por seu "Hot Afternoons Have Been in Montana". Mas ele começava as apresentações noturnas com seus poemas mais curtos ou um poema de Vachel Lindsay, seu poeta americano favorito. Mas quando os pedidos ficavam tão insistentes que a platéia não podia ser contrariada, Eli consentia em recitar o seu famoso poema. Era um sinal para os chatos.

"Quando você esteve em Montana numa tarde quente?", gritavam.

Eli sabia lidar com os fanfarrões. "Eu também não estava no Ford Theater quando Lincoln foi assassinado. Eu sei que ele foi baleado. Você sabe que ele foi baleado. Quem disse que você precisa estar no lugar para escrever sobre o lugar, espertinho?"

Vaias, risadas e aplausos. Tudo fazia parte da diversão, fazia parte do jogo. Vinha-se ao Vanguard para ouvir os poetas, observar os personagens, embriagar-se e importunar Eli.

Além de poesia, havia música e dança. Mascato, o barítono operístico da casa, cantava principalmente "Figaro" de *O Barbeiro de Sevilha*, que provocava uma chuva de moedas de 10, 25 e 50 centavos, que tilintavam aos seus pés. Eu ficava por perto com uma de 25 na mão para incitar o público a fazer o mesmo.

Depois, Maggie Egri, a garota da chapelaria que fazia as vezes de cantora, e Oronzo Gasparo, artista de dia e garçom do Vanguard de noite, eram chamados por Eli. O grande número dos dois era "Rose of the Washington Square". Ao final, Maggie carregava Oronzo de cavalinho para a pista de dança.

Durante o intervalo um rádio tocava música dançante. Uma vez que o Vanguard não tinha licença para vender bebidas, as pessoas traziam suas próprias garrafas e pediam copos, gelo e refrigerantes.

John Rose Gildea era bem-vindo em todas as mesas. Joe Gould também, se estivesse a fim de um drinque. Bodenheim sempre tinha uma garrafinha escondida no bolso de trás. Ele descolava suas bebidas no banheiro dos homens. Eli nunca tomava nada, o que não o fazia benquisto entre os outros poetas.

Eli ficava esperando até que a platéia fizesse silêncio para que o espetáculo pudesse continuar. Ele não era um MC brilhante, alegre ou loquaz. Precisava de silêncio e juro por Deus que ele conseguia. "Vou começar recitando o poema mais curto do mundo:

I.
Why?"

Isso provocava uma onda de vaias e gargalhadas. *Who? You?*, ecoava de todos os cantos. Eli aguentava firme e esperava o barulho diminuir. "Agora recitarei o segundo poema mais curto do mundo:

Jones Moans"*

Risos e aplausos.

Eram os anos em que a Depressão se aprofundava. Você podia passar uma noite no Vanguard com apenas um dólar. Se não tivesse dinheiro nenhum e fosse membro da Sociedade de Lanchonetes do Greenwich Village, entrava de graça. O preço do ingresso era a promessa de não ficar andando por ali com um copo na mão para filar bebida.

Eli, pálido, curvado, austero, o olhar de um místico judeu, mantinha o show em movimento. Eu lhe pagava trinta dólares por semana.

Eli tinha de pegar Gildea cedo para conseguir que ele recitasse; caso contrário John estaria dormindo numa cadeira. Eli gostava de John, como um poeta gosta de outro, apesar dos hábitos beberrões de John.

"*The roué moon*, por favor, John", incitava-o Eli à medida que John se esforçava para parar em pé. John não só era um poeta, ele parecia um poeta, diziam as pessoas ao ver John pela primeira vez.

"Escrevi este poema quando estava bêbado", dizia John, antes de começar.

* Tradução do primeiro poema: "Eu. / Por quê?". A reação da platéia é: *Who? You?* ["Quem? Você?"]. Literalmente, o segundo poema se traduz por: "Jones geme". Entre outras acepções, *Jones* pode ser usado para designar tanto a heroína como o viciado em heroína e, mais vulgarmente, o pênis.

The roué moon wears night like a high hat – hey! hey!
The ribald moon carries a graceful shaft,
malacca stick – how! how!
The unsteady moon throws night its opera cloak
*Giggling with stars – ho, hum.**

"Isso é que é poesia! Isso é poesia de verdade!", diria Eli enquanto John se sentava. "Obrigado, John." Depois, Eli comprimia os olhos olhando pelo salão para ver quem estava em condições de ser o próximo a se apresentar. Se ninguém estivesse pronto, ele dizia uns dois versos dele mesmo, dessa vez em iídiche:

A fa-SHIST
*Passt NISHT***

"Joe, cadê você?", gritava então Eli. "Senhoras e senhores, o *terrier* e *boulevardier* de Harvard, Joseph Ferdinand Gould!" Como Joe Gould merecia esses poderosos elogios feitos por Eli? Joe era formado por Harvard, turma de 1912, tinha 1,60 m de altura e pesava 40 quilos. Era um homem pobre e digno e se ofendia facilmente. Se ele sentisse que alguém o estava tratando como inferior, ele o convidava a ir lá para fora. Daí seu apelido de "*terrier* de Harvard". Quanto a "*boulevardier*", isso se devia a Joe sempre exibir uma longa piteira.

As apresentações de Eli tendiam a ser descritivas e vexatórias.

Levava algum tempo para Joe chegar até o foco ambarino do refletor sob o qual Eli aguardava. Primeiro, ele tinha de encontrar um lugar seguro para cerca de uma dúzia de cadernos escolares de composição que ele sempre carregava consigo, o manuscrito de sua *História do mundo a partir de fontes orais*, uma obra que estivera em gestação durante vinte anos quando da primeira vez que encontrei Joe no Village.

* Literalmente: "A lua libertina veste a noite como uma cartola – ei! ei! / A lua obscena leva um cajado gracioso, / bengala de rotim – como! como! / A lua vacilante lança à noite seu casaco de ópera / Dando risinhos com estrelas – ho, hum".

** Aproximadamente: "Um fascista é impróprio" ou "Um embaraço".

JOE GOULD

"Foram precisos quatro anos em Harvard para fazer de mim o que sou hoje", começava Joe. "As pessoas às vezes me perguntam do que eu vivo. De ar, catchup, auto-estima, café de *cowboy*, sanduíches de ovos fritos, pontas de cigarro – o que mais há de novo? Qual a minha religião? Eu sou da Nova Inglaterra. No inverno sou budista, no verão sou nudista. E agora vocês podem fazer uma contribuição para o fundo Joseph Ferdinand Gould, se estiverem preocupados. Vocês podem me encontrar numa mesa mais tarde."

Bodenheim, perambulando e fechando a carranca nos fundos durante a apresentação de Joe, parava de repente, apontava o dedo e gritava: "Eli Siegel! Eu te odeio, Eli Siegel. Seu rato!".

Bodenheim não gostava da apresentação auto-humilhante de Joe Gould e culpava Eli. A platéia vaiava e aplaudia. Eli tornava então a chamar John até o palco para acompanhar Joe no poema que se seguiria e chamava também o professor Woodman, "que por acaso está nos visitando esta noite". O professor, que lecionava literatura na Universidade de Iowa e era poeta em segredo, nunca deixava de ir ao Vanguard quando estava em Nova York.

"O próximo poema é *Ambition. Ambition*", explicou Eli, "é um poema que precisa ser recitado por três poetas."

Gildea assumia então o papel de orador.

"Silêncio, caramba!"

Gildea gostava de apresentar esse poema porque o professor Woodman, seu amigo, "que o escreveu, está aqui esta noite" e mais ainda porque *Ambition* não só precisava de três poetas para ser recitado, como acertadamente disse Eli, mas também era um poema que tinha de ser atacado, surrado, pelo amor de Deus, para extrair seu significado pleno, glorioso.

"Por isso, silêncio, caramba!"

Joe, John e o professor visitante de Iowa se perfilavam, os braços direitos estendidos, na posição de estarem prestes a administrar um golpe de caratê em algum alvo oculto.

Ambition, bradavam eles, e seus braços baixavam em fúria sobre a infeliz palavra. Depois, juntos:

What?
Have we?
To do?
With that!
Foul bitch!
That stinking!
Witch! *

A essa altura, seus gritos e braços açoitantes elevavam tanto calor que o resto das palavras se perdia, e era uma boa hora para chamar outro intervalo para esfriar o ambiente, o que era feito por Eli.

Conseguir que o Vanguard fizesse silêncio novamente depois de um intervalo não era nada fácil. Muitas vezes, Joe Buff, o segurança, e eu tínhamos de colocar uns dois pentelhos para fora dali.

Eli gostava de inserir uma nota de seriedade, uma lição a ser aprendida naquele momento:

It often happens with a floozy
When tired and maybe boozy,
*She sees her past and gets quite woozy.***

É difícil saber o efeito que o alerta rimado de Eli produzia nos clientes.

Eli esperava que Bodenheim se compusesse para poder chamá-lo a recitar. Mas de nada adiantava. Bodenheim, girando loucamente, os olhos vidrados, braços estendidos, parava de repente e apontava o dedo para uma garota assustada que havia lhe recusado uma dança durante o intervalo. “Ratinha!”, gritava ele para ela.

Assim, desanimando de Bodenheim, Eli preferia chamar Baudelaire, e alguém na sala gritava: “Baudelaire está aqui esta noite?”.

“Não, meu chapa, Baudelaire não está aqui esta noite, mas ele foi um famoso poeta francês e vou recitar *um* verso de *um* de seus poemas,

* “O quê? / Temos? / A ver? / Com aquela! / Cadela suja! / Essa fedorenta! / Bruxa!”

** Literalmente: “Acontece freqüentemente com uma prostituta / Quando, cansada e talvez bebum, / Ela vê seu passado e fica bem confusa”.

se você me permitir", dizia Eli, os olhos cravados no chato que ousava interrompê-lo. "Ele escreveu, e eu cito: 'Em algum lugar, em algum lugar, fora deste mundo'*. É uma boa máxima do Village, mas Baudelaire fumava haxixe e se destruiu. Pense nisso."

Tomado por esse seu humor sério, Eli continuava. "Vejam Edna St. Vincent Millay. Ela escreveu lindos poemas. Ela escreveu sobre queimar uma vela de ambos os lados, o que produz uma luz adorável. Tudo muito legal, adorável, muito villageano. Eu não sei como se pode queimar uma vela de ambos os lados e produzir uma luz adorável. Nunca tentei fazer isso. Mas, para crédito dela, Edna St. Vincent Millay também escreveu um poema sério sobre Sacco e Vanzetti."

"Você não sabia disso, sabia?", dizia Eli, os olhos ainda cravados no infeliz.

Mais ou menos nesse momento, Harry Kemp, bêbado – dava para ouvi-lo lá fora chamando meu nome – vinha se arrastando escada abaixo. "Cadê você, velho filho-da-puta? Onde está o meu vinho? Cadê a taça de vinho que você me prometeu, seu velho sacana?"

Harry, 1,80 m de altura, troncudo como um barril, o cabelo em cima dos olhos, agarrava meus ombros e plantava um beijo em minha testa. "Senta aqui um minuto", choramingava ele, puxando-me para uma cadeira.

"Aquele é Harry Kemp!", clamava Eli. "Um ótimo poeta e autor de 'Tramping on Life'."

Algum turista sério, ao ouvir o nome de Harry Kemp e ansioso para ajudar, adiantava-se trazendo uma taça de vinho.

"Eu não quero seu vinho", gritou Harry para ele, e então baixava a cabeça nos braços dobrados e soluçava. "Eu não quero seu maldito vinho!"

Por volta do fim da noite, Eli gostava de chamar Bob Clairmont, conhecido nos círculos do Village como um milionário poeta-playboy. Dizia-se que alguns anos antes, Bob, alto, bonito, musculoso, quando trabalhava como salva-vidas em uma praia particular em Long Island

* Título de um dos *Pequenos poemas em prosa*, em inglês no original de Charles Baudelaire ("Anywhere out of this world").

durante um verão, havia ensinado um já idoso executivo a nadar. O executivo morreu e, por simples gratidão, deixou a Bob um milhão de dólares em seu testamento – ou seriam apenas 400 mil, como afirmavam alguns moradores do Village? Não importava. Não demorou muito para que Bob, com a ajuda de seus cupinchas do Village, dilapidasse aquela fortuna. Bob, agora duro e poeta, tinha o privilégio de um ingresso gratuito no Village Vanguard.

Bob era tímido demais para recitar sua própria poesia, por isso Eli nunca o pressionava. Em vez disso, Eli recitava trechos dela:

When I am bald and dead,
With my silk hat in my hand
To the hungry worms I'll say,
*You still don't understand.**

Eli gostava de lançar esses versos arrepiantes para a multidão que fizera tanto tumulto a noite inteira.

Tudo isso era uma noite no Village Vanguard, uma noite de vira-vira no Greenwich Village, de poetas, participantes do WPA**, escritores, prostitutas, insones, universitários do Bronx e do Brooklyn, turistas, mulheres na paquera, músicos, aproveitadores, todos lotando a casa toda noite para desafogar.

Eu estava no Vanguard toda noite. Eu tinha de estar, ou a espelunca poderia ter explodido.

Mas enquanto eu não estava olhando, ou assim me parecia, muitos rapazes e moças que não faziam parte da casa começaram a encontrar seu caminho para o Vanguard. Homens e mulheres avulsos de New Jersey e do Bronx, desertores da rua MacDougal, garotos irlandeses da rua Hudson, todos entravam carregando garrafas em sacolas de papel pardo. (Eu ainda não tinha licença para vender bebidas.)

* Literalmente: "Quando eu estiver calvo e morto, / Tendo na mão o meu chapéu de seda, / Aos vermes famintos eu direi, / Vocês ainda não compreendem".

** Sigla para Works Progress Administration (mais tarde Works Projects Administration), entidade criada em 1935 no governo Roosevelt como saída ao desemprego da Depressão.

Como isso acontecia eu não sabia. Não publiquei nenhum anúncio; eu não tinha um homem de publicidade. Eles não vinham para ouvir Eli e os poetas. Vinham tomar cerveja e pintar o sete no Village. E os espertinhos e farristas começaram a chegar para me deixar maluco.

E para culminar tudo o mais, Eli estava ficando mais severo e ranzinza que o habitual. Em vez de brigar com os fanfarrões para arrancar risadas como costumava fazer, ele pegava pesado com eles, ralhava e bufava como se desejasse que eles estivessem em outro lugar – não no Vanguard – e que também ele, com a graça de Deus, estivesse em outro lugar. Já era o bastante. O Vanguard já merecia uma mudança, disse eu a mim mesmo. Livre-se de alguns clientes, livre-se de Eli, livre-se dos poetas e da poesia e ponha alguma prosa no lugar. Assim fiz.

Mais tarde Eli se tornou o fundador, líder, guru, rabino – chamem como quiserem – de um movimento que ele chamava de Realismo Estético. Não me perguntem de que realismo estético se tratava. Ele administrava aquilo de uma loja na rua Greene no Village. E tinha uma legião de crentes que seguiam os ensinamentos do Realismo Estético. Ele estava montando esse movimento quando era MC no Vanguard. Contou-me isto certa vez, quando me encontrei com ele na rua Jane quase quarenta anos depois. Não acreditei.

"Você precisa de Realismo Estético em sua vida", disse ele, olhando-me nos olhos. "Eu sei o tipo de homem que você é. Isso endireitará você. E não só você – isso pode endireitar o mundo inteiro. O realismo estético pode endireitar o mundo inteiro, basta que o mundo me escute."

Agora entendo o que afligia Eli quando ele era MC do Vanguard, por que ele sempre se aborrecia tanto com os clientes. Ele estava tentando endireitá-los, era isso que ele estava fazendo. Foi bom ter me livrado dele.

Uma coisa que aprendi em quase cinqüenta anos dirigindo um clube em Nova York: você não tenta endireitar as pessoas em uma boate. Você as deixa em paz e espera que elas o deixem em paz.

JUDY E THE KIDS

Era 1939 e o Village Vanguard tinha quatro anos. Havia noites em que me sentava nos fundos e conversava com uma garota bonita, tímida, loira, 16 anos, talvez 17, que costumava freqüentar a casa. Ela chegava com um sujeito, ou com outra garota, ou sozinha. Ela freqüentava o Village, como muitos rapazes, porque podia, por assim dizer, respirar mais livremente do que em Uptown onde ela morava com a mãe.

Descobri que o nome dela era Judy e que ela trabalhava na central telefônica do Mercury Theatre de Orson Welles. Ela estava esperando sua vez enquanto operava a central telefônica de Orson Welles. Ela disse que o que realmente queria fazer era estar no palco do Mercury Theatre ou em algum outro palco – escrever, atuar, produzir, fazer alguma coisa que envolvesse teatro. E algum dia ela iria fazer isto acontecer.

Nas noites em que não vinha ao Vanguard, ela estava com alguns garotos em um loft em Uptown, trabalhando – escrevendo, reescrevendo sátiras e esquetes, compondo e ensaiando canções e seu material especial, um apresentando sua produção para o outro e para algum amigo que por acaso aparecesse no loft.

"Que tipo de sátiras e canções?", perguntei a ela.

"Esquetes e canções de sátira e significado social", disse ela.

Eu tinha acabado de ver na Broadway *Pins and Needles*, um musical de sucesso do Sindicato Internacional dos Trabalhadores do Vestuário de Senhoras, e sabia do que ela estava falando.

"Os nossos são um pouco diferentes", disse ela. "O que precisamos é de uma platéia."

"Você tem uma platéia – eu!"

"O Village Vanguard seria um lugar perfeito para nós", disse ela.

Concluí que deveria dar um pulo até o seu loft e me reunir com Judy and the Kids e dar uma olhada no que eles estavam metidos – foi o que fiz. Conheci os outros: Betty, Adolph, John e Alvin. Depois de observá-los, convidei-os a ir até o Village Vanguard para que eles me observassem. Com exceção de Judy, eles nunca tinham estado lá.

Lembro-me deles entrando certa noite – um grupo assustado. Decidi testá-los, ver como eles se sentiam no salão. O que eu tinha a perder?

Nunca me esquecerei da noite em que eles fizeram o teste. Sentada a uma mesa estava a mãe, a avó e o tio de Judy. Seu tio havia convidado vários de seus amigos do Café Royale na Segunda Avenida, o ponto de encontro da *intelligentsia* iídiche da época. O pai de Judy, com alguns companheiros militantes sindicais, estava na outra mesa.

Ao lado estava o pai e irmão de Adolph; o futuro marido de Betty, Steven; e a esposa de John; e a futura esposa de Alvin. Estudantes, que eram colegas de John e Betty no Departamento de Teatro da Universidade de Nova York, estavam sorridentes e ansiosos.

Alguns estranhos entraram sem saber qual seria o cardápio de entretenimento do Vanguard naquela noite. Os poetas, tendo sido avisados, afastaram-se, com exceção de Bodenheim, que estava sentado a uma mesa nos fundos, obviamente dormindo.

Com John ao piano, os Kids entraram em seu número de abertura, no qual explicavam como estavam felizes por estar no Village Vanguard para cantar sobre Nova York. O show de estréia soava como se tivesse sido escrito na noite da véspera. Era verdade, segundo depois Judy me contou. Eles amavam Nova York, mas tinham algumas queixas sobre Nova York que agora iriam cantar. Esperavam que gostássemos deles.

Fiquei atento ao show e à reação da platéia. Eu esperava que a mãe, o pai e o tio de Judy gostassem, mas eu mesmo me vi gostando também.

Quando o espetáculo terminou, Bodenheim se levantou da cadeira, apontou o dedo para os Kids e gritou: "Bah! Amadores! Ratos! Fedorentos!", e saiu explodindo porta afora.

Isso os assustou como o diabo.

Mas eu os contratei na mesma hora.

Agora que tinham uma platéia, precisavam de um nome para seu show. Achei "Judy and the Kids" um nome excelente. Judy não concordava. O número deles era um empreendimento cooperativo, explicou Judy, e ela não queria seu nome destacado. Levou um mês para eles proporem um nome. Finalmente decidiram se chamar de The Revuers, que para mim era bom. Assim, o cartaz junto à porta dizia: THE REVUERS, DOIS SHOWS POR NOITE. APRESENTAÇÃO TODAS AS NOITES. CONSUMAÇÃO $1,00 DÓLAR.

Os Kids trabalhavam todas as noites, sete noites por semana. Faziam o mesmo show todas as noites durante uma semana, e às tardes trabalhavam no show da semana seguinte. Eles julgavam que precisavam de um novo show a cada semana. Assim, nas segundas-feiras ao meio-dia, nos reuníamos no restaurante da Sexta Avenida com a rua 8 e, em meio a hambúrgueres e catchup, o show da semana seguinte começava a ser escrito. Betty, com um bloco amarelo diante de si, um lápis na mão, era a garota do script. Todos traziam idéias. Eu estava lá porque era o único que tinha a chave do Vanguard, para onde nos dirigíamos depois de tomar café.

Lembro-me da primeira lufada de ar rançoso toda vez que eu destrancava a porta do Vanguard. Não tirávamos os casacos. Eu jogava um fósforo aceso nos antiquados aquecedores a gás para espantar o frio do lugar. Depois, puxávamos algumas cadeiras para fora das mesas e sentávamos. Eu ficava por ali, fascinado, escutando canções e letras, paródias e esquetes no momento em que surgiam e tomavam forma. E depois eu assistia aos ensaios e ao trabalho de revisão que se seguia.

Foi só quando as pessoas começaram a pedir velhos números que lhes ocorreu que não precisavam escrever um novo show toda semana, que podiam colocar seus velhos e melhores números em um único show, apresentá-los durante um mês e dormir um pouco para pôr o sono em dia.

Uma noite, quando já estavam no Vanguard havia seis semanas, Betty e Adolph, no caminho para o trabalho, não conseguiram entrar na casa. Havia tumulto na escada com pessoas tentando entrar.

"Eu não consigo entrar. O que está acontecendo?", perguntou Betty. Ela estava chamando de um telefone público do outro lado da rua. "E a fila está aqui fora, na rua!", disse ela, incrédula.

"Venha até a porta dos fundos. Eu abro para você. Foi aquela crítica que Dick Manson escreveu ontem no *Post.*"

Dick Manson, o crítico de teatro do *New York Post*, ficara sabendo secretamente sobre cinco "garotos iniciantes" que apresentavam um material maluco em um porão no Village e decidiu encontrá-los e assistir ao seu número.

Foi o que bastou. Eis o que o crítico escrevia no *Post* no dia seguinte:

> Eles me nocautearam! O material mais novo, mais engraçado, mais brilhante, mais original que já vi em uma boate.
>
> Como posso dar a vocês uma idéia do tipo de espetáculo que é? Uma esquete parodia a imprensa. Nossa! Tinha havido um assassinato no Bronx. O *Graphic* publica uma foto da vítima deitada em seu próprio sangue na primeira página. O *Sun*, uma entrevista afetada com a viúva e vizinhos do quarteirão. O *Times* publica a matéria na página 28, um parágrafo curto: "Mais um Assassinato no Bronx". Eu não estou contando a vocês como o *Post* lidou com esse crime ignóbil. O mesmo assassinato, uma matéria diferente. "Então, que jornal vocês leram?", grita Judy, resumindo a notícia.
>
> Era engraçado.
>
> "Queixas" sobre Nova York é como esses garotos chamam seu show.
>
> Betty sobe para anunciar a próxima "queixa" – o trecho inicial da Sexta Avenida está sendo desmantelado e a sucata vendida para o Japão. Ela é contra isso e espera que Nova York seja contra isso também.
>
> A paródia seguinte mostrava os garotos amontoados em uma trincheira na Terra de Ninguém da Califórnia, defendendo sua terra na-

tiva contra o invasor japonês, enquanto bombas com o rótulo "feito em NY" chovem sobre eles.

A esquete tem alguns problemas de produção, admito, mas o sentido é claro e eu a achei imensamente divertida.

Depois, Judy – uma garota bonita – com ar de ter 16 anos, entra e canta uma canção sobre a Feira Mundial; "The World's Fair is Unfair" [A Feira Mundial não é Justa], lamenta ela. Vestida em um roupão branco solto e a coroa eriçada da Estátua da Liberdade, ela reclama que os turistas são volúveis e a têm negligenciado desde a inauguração da Feira Mundial em Flushing em 1936. Agora é 1939 e hora de eles estarem de volta. "Carrego uma tocha há cinqüenta anos. E estarei aqui muito tempo depois de Flushing voltar a ser um depósito de lixo."

Foi divertido. Estamos todos cansados da Feira Mundial, e eu adorei isso.

Agora é a vez de Adolph e, com John Frank ao piano, Adolph avança e canta "O vôo do besouro" de Rimsky-Korsakov em um minuto exato – o que traz a casa abaixo.

Um ótimo grupo de garotos. O nome que eles dão ao grupo é "The Revuers" e eles se chamam Judy Holliday, Betty Comden, Adolph Green, John Frank e Alvin Hammer. E eles são maravilhosos!

Por isso, corram, não andem, se quiserem uma noite da qual sempre se lembrarão.

Depois de uma crítica como essa, nao admira que toda a Nova York estivesse tentando entrar no Vanguard.

As multidões, porém, não afetaram os Kids. Era bom ter uma platéia, ótimo ver o lugar toda noite abarrotado, mas o que realmente os deixava vibrando de excitação era quando se cochichava que George Abbott, Fred Astaire, Noel Coward ou Bea Lillie estavam na platéia. Os Kids não se importavam com as multidões; queriam ser vistos pelas pessoas certas, que poderiam, se gostassem deles, abrir-lhes as portas para o mundo mágico do teatro. Pois era para lá que eles estavam destinados.

Uma noite após seu primeiro show, Judy me procurou e disse que queria falar comigo sobre uma coisa importante. "Um homem com o nome de senhor Roy", começou ela, "diretor administrativo, me disse que era do The Rainbow Room, uma boate no alto do Rockefeller Plaza..."

"Sim, eu sei", disse eu, receando o que viria.

"Ele nos quer. Ele quer nos colocar no Rainbow Room. Ele vai nos pagar 250 por semana. Veja que bonito: 'De um porão no Greenwich Village para o sexagésimo quinto andar do Rockefeller Plaza'. O que vamos fazer?"

"Aceitem", disse eu.

O que eu devia fazer? Tentar impedi-los? O Vanguard era o primeiro degrau na escada; talvez The Rainbow Room fosse seu próximo passo na subida. Eu sabia o que os garotos estavam pensando. Assim, quando Judy me informou, eu disse: "Tudo bem, aceitem e boa sorte".

Eu não posso manter um show como esse eternamente, argumentei.

Eles me deram de presente uma cigarreira de prata gravada com a inscrição: "Para Max de The Kids" e deixaram um buraco no Village Vanguard.

Sem me arrumar, fui ver sua estréia no Rainbow Room.

Pensei que nunca mais veria aqueles garotos novamente. Jamais voltariam ao Vanguard depois do Rainbow Room – e por três anos eu não tive notícias deles.

Abri o Blue Angel na rua 55 Leste em 1943. Um dia recebi a seguinte carta de um agente:

> Você poderia usar The Revuers no Blue Angel por duas semanas? Você se lembra do show. Mas dessa vez o dinheiro tem de ser diferente do que você pagava aos cinco no Vanguard em 1940 – 125 por semana.

Precisei de uma semana para vender a idéia para meu sócio Jacobi.

Um mês depois, The Revuers vieram a Nova York e estrearam no Blue Angel. Foram tão sensacionais no Blue Angel quanto eram no Vanguard. Não ficaram duas semanas, mas seis, e partiram.

Depois que deixaram Nova York, ouvi dizer que seu agente os enviou por tudo quanto era parte do mapa, abrindo e fechando temporadas com eles em cada pista de "jantar dançante" de cada inferninho de Chicago até Los Angeles.

Alguém os viu no Trocadero em Hollywood.

Depois eu soube que algo acontecera ao show dos Kids, algo que jamais pensei que pudesse acontecer. Um ator que viajava regularmente no circuito Hollywood-Nova York encontrou-se com eles em Hollywood e trouxe notícias para Nova York. Os Kids estavam sentindo que não teriam futuro como show. Fazia cinco anos que estavam juntos. Nada estava acontecendo. Assim, um dia decidiram dissolver o grupo, separar-se e cada um descobrir por si mesmo onde isso podia levar no show business.

Judy ficou em Hollywood. Betty e Adolph vieram para Nova York. O que aconteceu a John e Alvin ninguém parecia saber.

O que iria acontecer agora com esses garotos, perguntei quando soube o que haviam feito. Por um ano não voltei a ter notícia deles novamente. Um domingo, li no *New York Times* que a comédia musical *On the Town*, escrita por Betty Comden e Adolph Green, com música de Leonard Bernstein, estava estreando na Broadway. Comprei um par de ingressos. Na manhã seguinte os críticos confirmaram o sucesso.

Judy veio para Nova York no ano seguinte e estreou em uma peça de sua autoria, *Kiss Them for Me*, na qual ela fazia um papel coadjuvante, "o papel de uma putinha estúpida", como disse um crítico. Ela roubou a cena e ganhou naquele ano o prêmio Clarence Derwent de 500 dólares.

"Esses quinhentos vêm a calhar", cochichou-me a mãe de Judy, Helen, quando me encontrei com ela no saguão de entrada do teatro naquela tarde.

Talvez esses garotos, no fim das contas, soubessem o que estavam fazendo ao desfazer o grupo, lembro-me de ter dito à minha mulher.

Kiss Them for Me não ficou muito tempo na Broadway. Dois anos depois, em 1946, Judy estreou em *Born yesterday*, dessa vez em um papel principal, interpretando Billie Dawn, outra "mulherzinha boba". Parecia que a especialidade de Judy era interpretar "mulherezinhas bobas". A peça ficou dois anos em cartaz. Depois, ela a levou para Hollywood e fez um filme, com o qual ganhou um Oscar da Academia [*Nascida ontem*, 1950].

Acompanhei o nome de Judy nos jornais. Ela se casou, divorciou, tornou-se mãe de um filho, foi vista com Syd Chaplin, filho de Charlie

JUDY HOLLIDAY

.32 CAL. REVOLVER

Chaplin – "um caso tórrido", disse um colunista. Judy era uma estrela e fazia sucesso.

Um dia recebi pelo correio dois ingressos de Judy. Eram para a estréia de *Bells are ringing*, no Shubert Theater, uma nova comédia musical, escrita para ela por Betty Comden e Adolph Green, com música de Jule Styne.

Depois do espetáculo, fui até os bastidores, abracei Judy e me encontrei com Betty e Adolph.

"Estamos juntos novamente", lembro-me de Judy ter dito a mim. "Nós, os Kids, estamos juntos novamente."

O espetáculo ficou dois anos e meio em cartaz no Shubert, e depois saiu em turnê com Judy.

Depois que encerrou a turnê, Judy voltou a Hollywood para estrelar a versão em filme com Dean Martin [*Essa loura vale um milhão*, 1960]. Ela ficava sempre voltando a Hollywood, depois regressando a Nova York. "Não agüento Hollywood", disse-me ela certa vez.

Quando alugou um apartamento grande no Dakota, no Central Park Oeste, eu sabia que finalmente ela iria fazer de Nova York a sua casa. Só mais tarde descobri o quanto ela estava gravemente doente.

Uma noite, em meados dos anos 1960, quem estava descendo sozinha a escada do Vanguard senão Judy, vestida em um casaco de vison? Eram duas da madrugada e Gerry Mulligan e seu quarteto de jazz estavam prestes a entrar para a última sessão da noite. Nessa época, Gerry era presença constante no Vanguard, tocou lá três ou quatro vezes no ano, uma delas com uma banda de dezessete músicos.

Após todos esses anos, ali estava Judy, uma estrela, famosa, uma celebridade, que descia para tornar a ver a velha casa (ou, mais provavelmente, para ouvir Gerry, com quem seu nome vinha sendo associado ultimamente nas colunas de fofocas – "outro caso tórrido"). Tudo aquilo não a havia mudado. Ela estava tão tímida, tão bonita, tão alegre por estar ali como quando trabalhou no Vanguard com os outros garotos. Sentamo-nos em um banco nos fundos para ouvir a música. Então, um de meus múltiplos afazeres me chamou – isso nunca falhava. Deixei meu assento por um momento e, quando voltei, ela não estava mais ali. Para onde foi? Estava na cozinha fazendo palavras-cruzadas com o cozinheiro, que fazia mais de vinte anos ela não via.

Fechamos a casa e tomamos um táxi até o Reuben's na rua 58 para um último sanduíche, como costumávamos fazer. Eu me lembrava de Judy de outra corrida de táxi até o Reuben's – como ela pedira ao taxista que parasse na porta, pedindo-nos que esperássemos, que ela voltaria logo, porque tinha uma tarefa importante para realizar lá dentro. Descobri depois qual era essa tarefa. Ela queria ter certeza de que havia uma mesa vaga. Ela deixou o chefe do restaurante a postos para que não houvesse nenhum inconveniente, nenhum embaraço, nenhuma meia-volta diante da porta quando entrássemos com Eddie Heywood, músico de jazz que estava conosco, um negro que estava tocando no Vanguard. Ela ficou surpresa por eu me lembrar disso.

Eu sempre desejara perguntar a Judy o que acontecera com ela e os Kids no Rainbow Room.

"Nós detonamos. Foi isso que aconteceu", disse ela. "Na noite de estréia, o MC, vestido de fraque, apresentou-nos depois do grupo de dança de salão. The Revuers, gritou ele, 'um quinteto do Greenwich Village', ele nos chamou de quinteto, 'apresentando canções e paródias originais', que ele esperava que todos gostassem. E então nós entramos, cinco garotos mal combinados, sorrindo e morrendo de medo.

"Eu não conseguia ver a platéia. Só conseguia ouvir eles... comendo. Foi um de nossos desempenhos menos brilhantes, para dizer em termos suaves. Nós não tínhamos um show uniforme, ágil, capaz de entusiasmar uma platéia", continuou ela. "Nós não éramos um show. Éramos um show do Vanguard. Cometemos erros. O Vanguard perdoava nossos erros. Mesmo quando éramos ruins, éramos bons." Ela sorriu ao pensar naquilo.

"Demos graças a Deus quando as quatro semanas terminaram. Então, lá estávamos nós, sem trabalho. 'Vamos para casa e esperemos', eu disse. Mas Alvin e John tinham esposas para sustentar. Por isso, contratamos um agente. Durante anos, andamos pra baixo e pra cima de ônibus e trens fazendo nosso show. Nenhum lugar parecia querer que voltássemos.

"Achei que havíamos chegado ao fim do caminho. Um dia, acho que havíamos acabado de encerrar um fim de semana particularmente desanimador em Cleveland, quando recebemos um telegrama de nosso agente. O estúdio Fox estava recrutando o elenco para um filme intitulado *Serenata boêmia* [1944]. Eles nos queriam. Queriam nosso show para uma parte do filme, uma parte pequena, não muito dinheiro, mas uma grande oportunidade. Você conhece o lance. Quem sabe aonde isso poderia levar?

"Aí, pronto! Hollywood! Finalmente! Aquilo que vínhamos esperando. Um filme chamado *Serenata boêmia* [*Greenwich Village*]. Parecia um lance perfeito.

"Assim, lá estávamos nós em Hollywood", continuou Judy. "Morando em um apartamento de quatro quartos de terceira classe no Sunset Boulevard, cozinhando nossa comida e lavando nossa roupa, à espera de saber qual seria nosso destino.

"Nosso agente nos trouxe a notícia. O estúdio havia finalmente terminado a edição do filme. Exceto por uma única fala – 'Aqui está seu chapéu', dita por Betty a Don Ameche – todas as cenas em que aparecíamos terminaram na sala de edição. 'Ótimos garotos, garotos talentosos, originais, promissores, mas inadequados para *Serenata boêmia*', foi o veredito do estúdio.

"Foi um desastre. O estúdio só estava interessado em mim. Queriam que eu assinasse um contrato de sete anos. Não queriam os outros garotos. Nosso agente estava com o contrato no bolso. Eu teria de perder algum peso e pronto.

"O cenário daquele apartamento era como um filme B. Recusei-me a assinar o contrato e a abandonar os Kids e desmontar o grupo. Betty e Adolph disseram: 'Assine! Não se preocupe com o grupo'. O agente ficou implorando: 'É sua grande chance!' John e Alvin ficaram ali, calados e infelizes.

"Eu sempre quis escrever, mas terminei atriz, talvez não a melhor, mas uma atriz. Betty e Adolph queriam atuar, e com isso se tornaram autores de musicais maravilhosos – *Billion Dollar Baby*, *Wonderful Town*, *Singing in the Rain*, *Peter Pan*, eles continuaram a fazer grandes musicais. Escreveram *Bells are ringing* para mim. 'Eu não sei cantar', disse eu a eles. 'Sim, você sabe', responderam. Assim fiz, a primeira vez em que estive em um musical na Broadway. Betty e Adolph disseram que eu podia fazê-lo."

"O que aconteceu com John e Alvin?", perguntei.

Judy ficou séria por um momento e então disse: "John e Alvin eram maravilhosos e talentosos. John é um ótimo músico e compositor. Todos escrevíamos música e letra no Vanguard. John realmente sabia tocar piano. E Alvin, um grande comediante. Eu me lembro da primeira vez que vi Alvin fazendo dupla com Phil Leeds, dois caras engraçados.

"Nós nos encontramos – nós, garotos – quando estávamos todos procurando achar uma brecha para o teatro. Você nos deu um trabalho. Na época precisávamos uns dos outros. Depois, não precisamos mais uns dos outros", disse ela tristemente.

"Vamos manter contato", prometemo-nos entre nós. E durante anos o fizemos. Mantivemos contato. Depois, com o passar dos anos, perdemos contato.

Uma noite, cerca de um ano antes de Judy morrer, em 1965, minha esposa Lorraine e eu jantamos com ela e seu filho em seu apartamento. Ela ainda estava bem o bastante para cozinhar sozinha. Depois do jantar, ela serviu uma garrafa de licor.

"Você se lembra disso?", ela me perguntou. "Você costumava arranjar para nós uma garrafa. Nós a guardávamos em nosso camarim, que era o corredor que dava para o banheiro das mulheres. Toda noite eu tomava um gole rápido para acalmar os nervos antes de entrar.

"As boates me assustavam. Ainda me assustam. Desempenhar um papel no palco é sopa comparado a apresentar-se em uma boate. Você fica protegido no palco. Você não está lá interpretando a si mesma, onde eles podem chegar até você. Não entendo como consegui agüentar esses anos todos."

JOSH, LEADBELLY, WOODY GUTHRIE E O BLUES

Era 1941 e eu estava procurando desesperadamente uma atração para tomar o lugar de Judy and The Kids. "Onde é que vou achar outra atração como aquela", perguntei a Nick Ray. "Por onde começo a procurar?"

Nick era um amigo de Judy e tinha visto mais de dez vezes o show de Judy and The Kids no Vanguard. Ele me disse que não conseguiu entender quando soube que eles estavam saindo; por que desejariam trocar o Vanguard por um lugar como The Rainbow Room?

"Eles tinham uma longa carreira pela frente", disse ele, "e se tivessem me perguntado eu teria dito: 'fiquem onde estão e aprendam seu ofício'."

Nick estava morando no Village, na Almanac House* na Sexta Avenida, "esperando alguma coisa acontecer". Aconteceu – mas isso foi anos depois, quando ele acabou dirigindo filmes em Hollywood. Ele dirigiu muitos filmes em Hollywood, alguns bons, outros ruins. O seu melhor foi *Juventude Transviada*, estrelado por Jimmy Dean e Natalie Wood. Eu ainda preciso vê-lo.

* Os Almanac Singers eram um grupo de música folk de esquerda na década de 1940. Entre seus membros, destacam-se Pete Seeger, Woody Guthrie e Lee Hays. Além dos discos, Hays e Seeger criaram moradias comunitárias, as chamadas Almanac Houses.

Nick me falou sobre um cantor de quem tinha ouvido falar, um tal Huddie Ledbetter, "Leadbelly", como ele o chamou, que havia acabado de chegar a Nova York de Washington, capital, onde gravara vários discos para a Biblioteca do Congresso.

"As canções de Leadbelly são coisa do passado", enfatizou Nick, e a Biblioteca do Congresso as quer em seus arquivos para preservá-las para a posteridade.

Ele me fez um breve resumo do caso de Leadbelly: que anos atrás Leadbelly estava cumprindo pena de prisão perpétua por assassinato em uma penitenciária do Estado do Texas. O governador do Estado costumava fazer visitas periódicas de inspeção a penitenciárias, em cujas ocasiões o diretor organizava entretenimento a cargo dos prisioneiros para a comitiva do governador. Leadbelly era a atração principal.

Toda vez que o governador passava por lá, perguntava por Leadbelly. Ele se lembrava dele da última vez e queria ouvi-lo novamente. O governador, no desenrolar dos acontecimentos, perdeu sua postulação para reeleição. E em sua última noite como governador, não é que ele se lembrou de Leadbelly, que apodrecia na prisão? Como seu último ato oficial, decidiu libertá-lo.

"O governador deve ter sentido", acrescentou Nick, "que provavelmente Leadbelly era inocente mesmo, porque naquela época no Texas era fácil um negro se meter em encrenca.

"E Leadbelly agora está aqui em Nova York, procurando trabalho, um lugar para cantar as mesmas canções que o tiraram da prisão, canções que ele tem cantado em inferninhos de cidades em crescimento desde o Texas até Butte, Montana, na região do cobre. Ele quer cantá-las em Nova York.

"E há outro cantor folk negro, também em Nova York, procurando trabalho – Josh White. Josh é diferente. Ele toca violão de blues, o maior violonista de blues do país. Juntos dariam uma grande dupla folk. Eu posso juntar os dois para você, montar um show com eles e você terá a maior apresentação de música folk do país – se você ainda estiver procurando uma atração."

Assim, certa tarde nos encontramos defronte ao Vanguard – Nick, Josh, Leadbelly e eu. Abri a porta da frente, fechei-a por dentro e descemos os degraus de cimento. Acendi a lâmpada de serviço, limpei uma mesa e coloquei sobre ela uma garrafa de uísque de centeio.

Fiquei ali, observando e escutando, sem dizer nada. Só depois de terminarem a garrafa foi que eles me disseram alguma coisa. Assim, pus outra garrafa na mesa.

Isso continuou por uma semana. E um dia, vinte garrafas depois, Nick disse que achava que estavam prontos e perguntou quando eu queria que eles estreassem.

A noite de estréia foi uma noite especial. Havia na casa uma sensação de que algo importante ia acontecer. Nunca vi tantos violões ali: Pete Seeger, Burl Ives, Richard Dyer-Bennet, Millard Lampel, The Almanac Singers, Five Strong e Woody Guthrie – todos presentes, com violões a tiracolo.

Josh – afável, bonito e a garganta nua; e Leadbelly, com seus sapatos altos *yaller* [amarelos], seu poderoso corpanzil vestido imaculadamente em um terno azul claro. Josh apresentou "Great God A'Mighty Folks a'Feelin' Bad". Leadbelly interpretou "Boll Weevil", "Bottle Up & Go" e "Take This Hammer". Interpretaram juntos "Grey Goose", e o público cantou com eles. Terminaram com um desafio ao violão.

Nick veio a mim e disse: "Woody acha que precisamos de um microfone para Leadbelly. Eu não penso assim. Huddie tem força na voz para mover uma montanha". Fiquei contente por Nick pensar assim, porque o Vanguard tinha um único microfone e Josh o estava usando.

Ninguém se mexeu quando veio o intervalo. Esperavam o segundo segmento. Sentei-me próximo a Woody Guthrie. "O que você acha?", perguntei a ele.

"Sabe o que eu acho?", começou ele. "Você sabe o que eu penso de Josh e Huddie?"

Descobri o que ele pensava dois dias depois, quando recebi esta carta dele:

Almanac House
Rua 10 Oeste, Nova York.

Village Vanguard,

WOODY GUTHRIE

Prezado Max & Todos:

A estréia na casa de seu novo show apresentando Josh White e Leadbelly tem tudo o que é preciso para fazer a verdadeira história das casas noturnas de Nova York e dar ao povo negro uma chance honesta e real de trazer sua música e cantar diante do público em geral de tal modo que não só agrade seus próprios clientes, mas produza uma grande influência em muitos outros proprietários de boates, artistas, radialistas etc., e similares; e abra todo um novo campo para artistas de todas as cores, ou seja, apenas a música americana simples, comum, cotidiana.

Se eu tivesse muito dinheiro, desceria religiosamente aí para ouvir Josh e Huddie, mas ainda aparecerei com a freqüência que a lei e minha carteira permitirem. E prometi a você que anotaria algumas idéias que eu tivesse sobre o show.

Se você quiser pode mostrar esta carta a Nick Ray, porque, embora no momento ele esteja passando alguns dias aqui na Almanac House até encontrar outro lugar, imagino que esta carta estará no correio antes que ele tenha uma chance de lê-la.

Josh e Huddie provêm do meu tipo de gente e estão continuando uma grande tradição na linha de Blind Lemon Jefferson, um dos cantores e guitarristas de blues realmente grandes. Para conhecer Josh e Leadbelly de verdade, você primeiro precisa conhecer e entender o blues e o que significa para pessoas diferentes de lugares diferentes. Uma boa idéia também é saber algo sobre o tempo que eles passaram levando Blind Lemon por todo o país, desde os inferninhos de cidades em crescimento do Sul, passando pelo Meio-Oeste e Oeste, do golfo do Texas, até Butte, Montana, na região do cobre... mas isso precisaria de um artigo normal de revista. Esta é apenas uma carta de amizade.

Josh é um jovem inteligente, tem raciocínio rápido e a conversa solta – amistoso, e tem ganhado a maior parte de sua vida exatamente por ser assim. Ele está interessado principalmente em mostrar ao mundo tudo o que se pode fazer num violão de seis cordas e cantando. Ele representa o mesmo pensamento que está na cabeça de milhões de pessoas da cidade. Só que Josh por acaso conhece o violão e os blues "lá de trás" – e isso lhe dá o verdadeiro sentimento do que é o blues... a voz do povo negro cantando para todos os povos uma canção preocupada. Josh se lembra que Joe Louis é o melhor pugilista que o mundo já teve, e Josh quer ser o Joe Louis do violão de blues. Após uma carrada de anos de muito tocar e cantar, Josh só pode ser assim.

Leadbelly é uma figura diferente. O violão para Leadbelly é só mais uma maneira de conseguir que as pessoas parem e escutem o que ele tem a dizer a elas. Ele é sério pra caramba. É um grande orador nato. Ele nos fala da vida nos golpes que ela lhe deu e nos mostra como pegar mais leve e deixar de lado as durezas pelas quais ele passou, e como ter as mesmas alegrias que ele teve. Já pensei muitas vezes que se eu viver apenas metade da vida que Leadbelly viveu, e vivê-la da mesma maneira honesta que ele a viveu, já ficarei bem satisfeito. Sua grande voz de homem. Suas conversas duras antes de cantar. Sua teoria sobre o blues é a mais curta e verdadeira teoria que pode existir. Eu o ouvi dizer e repetir as mesmas palavras mais de quinhentas vezes, tanto em sua casa como em suas aparições públicas, e as palavras toda vez me contam algo novo – eu penso coisas novas.

É a mesma coisa que se mostrou tão clara na obra de Blind Lemon, é essa honestidade direta, sem quaisquer rodeios caprichosos e que nos faz acreditar de fato no blues, na razão para o blues, no desgaste e no maltrato das coisas, que geram os blues. Huddie diz: Minha gente tem blues sobre tudo, sobre roupas, sobre dinheiro, sobre o lugar onde ficar e lugares que não valem o aluguel que você tem de pagar – antigamente muita gente tinha o blues; hoje, todo o mundo tem o blues; mas os blues dos brancos saem onde os blues negros entram –. Nunca ouvi falar da situação do negro de maneira mais clara ou direta que essa, e olha que existem muitos livros e jornais progressistas por aí.

Dessa forma, o que você tem são duas figuras distintas, e seus talentos distintos devem ser construídos na cabeça das pessoas exatamente do mesmo modo que você diria: Este é o rapaz da Ucrânia que destruiu sozinho um tanque hitlerista e foi condecorado com a ordem de Lênin. Ou, este é o rapaz do Tennessee que afundou um submarino alemão sem a ajuda de ninguém. O ponto aqui é exatamente onde o Exército Vermelho funda a maior parte de seu moral, ou seja, é a propaganda, as realizações pessoais, individuais, de seus soldados em um sentido humano, cálido e amigável que Hitler não tem como alimentar; porque ele não acredita em pensamento e ação individuais – mas sim que nossos pensamentos provêm "lá de cima" – nem que nosso próprio trabalho pessoal valha alguma coisa. Este é o segredo de uma moral em constante crescimento nas forças anti-Hitler, e uma moral em queda cada vez maior nos exércitos do Eixo – porque não há esse elemento humano pessoal, amigável, simples

Assim, o que você tem em seu show são praticamente duas das melhores atrações do país, isto é, Josh White ao violão, cantando o blues da cidade grande, e Huddie Leadbelly, representando o menino rural, do campo, cantando nas bocas quentes das prósperas cidades que florescem e murcham, sem que ninguém saiba exatamente como, por que ou para onde se vai dali. É todo um modo de vida que há neles e os sentimentos individuais que eles têm sobre seu trabalho individual só podem ser desacelerados para tirar o máximo dos dois juntos em um show. Isso restringe o estilo de Josh e restringe o de Leadbelly. Ambos me contaram pessoalmente que possuíam modos ligeiramente diferentes de dar o melhor de si e que trabalhar juntos como equipe não permitia que passassem o que têm de melhor; e apresentar Josh e Huddie em qualquer nível que não o melhor é errado – porque eles são o tipo de caras que toda vez lançam o que têm de melhor, e é por isso que as pessoas gostam de ir atrás deles – para desfrutar da riqueza de suas experiências pessoais e serem de fato entretidos e ao mesmo tempo educados – porque estar perto de qualquer um desses dois caras por tempo bastante certamente ensinará algo a você, mesmo que você seja bem cabeça-dura.

Eles podem arrasar juntos na guitarra. Não sou contra isso. Deve haver um ou dois números quentes de violão em cada show; mas o calor do violão deve vir como resultado de suas diferentes origens, um conflito efetivo, mais direto do que o do ensaio ou do show da primeira noite. O Desafio, um querendo superar o outro, deve ser mais afiado... com cada um se postando em sua própria base e orgulhoso para superar quem quer que venha – Leadbelly recorrendo ao seu grande amor pela simplicidade, dureza, honestidade, força e volume, e Josh tocando no sistema mais refinado, citadino, educado, um pouco mais complicado, mas ainda comum e honesto. Isso não só incrementaria a força e energia de Leadbelly, mas também o talento manhoso e liso de Josh. Essas são as melhores qualidades de cada um, e um desafio sincero, verbal, até rachar, tocado, até cantado para lá e para cá entre eles seria o assunto de todos que ouvissem os dois trabalhando.

As pessoas aprenderiam a esperar algo do mesmo show todas as noites no Vanguard, mas saberiam que haveria muitas "coisinhas novas" adicionadas para tornar sua noite dez vezes mais agradável. Logo estariam dizendo, vamos ao Vanguard assistir a um desafio entre Leadbelly e Josh.

Há um grande orgulho no coração de um sujeito por seu lugar de origem, ou pelos lugares em que ele esteve, coisas pelas quais ele passou e viu – e isto é dez vezes maior com as coisas que você aprendeu a fazer, quer você tenha aprendido a operar um trator e a arar o sulco mais reto, ou a pegar o violão e arranhar os melhores blues. E se você arrumasse um trabalho num show que não lhe permitisse "aceitar todos os que chegam" (como os lutadores dos parques de diversões), você sentiria como se não estivesse dando sua melhor tacada ou jogando sua melhor carta. Muitas vezes me senti assim quando lançado com outras pessoas, não devido a alguma falta de respeito para com as demais, mas apenas por uma questão de orgulho pessoal. Você sente o maior orgulho pelas coisas que você aprendeu a fazer. Você as quer fazer da melhor forma que sabe. Ou você dá o melhor de si ou não dá nada.

Você agora tem realmente um bom show no Vanguard. Josh e Leadbelly têm milhares de amigos que os seguem. O testemunho do Café Society, onde duzentos ou trezentos clientes endinheirados não puderam entrar porque o lugar estava lotado, é uma boa prova disso. Funcionou do mesmo jeito, não há limites à boa publicidade que você pode conseguir com Josh e Huddie. É um assunto do povo todo e as reportagens e artigos podem se expandir por todo tipo de perspectiva – todos muito progressistas, todos sinceramente politizados.

Não estou escrevendo esta carta para lhe vender uma lista de produtos, porque sei que você já comprou os produtos e só está imaginando a melhor forma de convertê-los em uma coisa melhor. Só estou escrevendo porque estou falando do verdadeiro Canto e Música Americana, e isso é algo de que sempre gostei mais do que já gostei de mim mesmo.

Pensei em várias possibilidades. Uma, sobre a voz de Leadbelly. Talvez ele possa trabalhar melhor um pouco mais para o meio do piso. Ou isto ou tentar um microfone de lapela, para deixar sua voz um pouco mais acima do violão. A maioria das vezes Leadbelly trabalhou bem no meio de multidões de pessoas, e isso parece lhe dar o toque adicional para render um material melhor. Outra coisa, o público teria de cantar alguma canção com ele em todo show. Talvez o público tivesse de pedir alguma canção, como "Gray Goose, Boll Weevil" ou algum número que seja fácil de acompanhar. Isso seria uma coisa que bem poucas casas noturnas têm conseguido fazer e faria as pessoas soltarem os cabelos e relaxarem suas reputações e um pouco mais as carteiras. Principalmente as carteiras.

A voz de Josh no microfone está bem. O violão um pouco alto demais quando ele realmente se solta, especialmente quando Leadbelly está cantando sem microfone defronte a Josh e abaixo dele. É uma disposição ruim das cadeiras. Eles devem estar lado a lado quando trabalharem juntos, para que um não tenha de estirar o pescoço meio metro para frente ou para trás para vislumbrar o que o outro está fazendo. Esse pequeno vislumbre é uma coisa importante para todos os músicos, já que lhes dá uma noção antecipada do que o outro vai fazer... e isto é impossível com Josh sentado tão para trás de Huddie, e Huddie tão abaixo de Josh.

O "Great God A' Mighty Folks A' Feelin' Bad" de Josh é uma boa música. Não me sinto muito à vontade na cadeira quanto a "Jack Rabbit that had the Habit". Suas canções são demasiado afinadas no mesmo movimento e andamento para me agradar, uma batida lenta demais, e uniforme e suave. Isto é coisa pequena, mas vale a pena pensar a respeito... não dá nenhuma chance para a gente ver Josh cortar seu quiabo em outros ritmos e estilos. Sua voz falando quando ele apresenta seus próprios números é bem boa, conversa simples, comum e ele diz muito com poucas palavras.

Leadbelly é o filósofo habitual das turmas de trabalho forçado, das prisões, diretores e tempos difíceis no campo, o campo onde há mais disso sob o milho que sob o concreto. Ele é um repórter falante e ambulante dos tempos bons e ruins, do vinho, das mulheres, do trabalho

LEADBELLY

e da música. O seu conselho aos atônitos casais casados vale o preço do ingresso. Sua verdade franca sobre a bondade e defeitos da maioria de nós é mais clara do que consigo expressar. Ele é mais velho que a maioria de nós. A experiência está do lado dele. E ele não pensa para colocar em palavras. Ele é polido. Ele é culto. Mas de um jeito áspero, duro, e deve ser encarado da mesma maneira. Ele é um trabalhador, cantando para trabalhadores, e sempre foi um líder de turma em todos os trabalhos que teve de fazer. E tudo isso está em seu canto e fala. É errado apresentá-lo no palco de qualquer outra perspectiva.

(Espera um pouco até eu ferver a água para o café... Tudo bem, já consegui).

Agora, no tocante à política, não estou bem certo – certamente não deveria haver nada incentivando greves nas Indústrias da Defesa Nacional, para não baixar o moral do uniforme do exército americano; entretanto, Josh poderia cantar canções sobre o quanto ele se orgulha de estar trabalhando na Indústria para Derrotar Hitler, o quanto é genial usar o Uniforme do bom e velho Vermelho, Branco e Azul... e ao mencionar o Exército, ou a guerra, o sentimento deve ser esse: praticamente a melhor coisa que um homem pode usar é um Uniforme do Exército – exigir Direitos para os Negros, oportunidades iguais, pagamento igual, tratamento igual, mas não fazer pouco de nenhum ramo das forças armadas –, porque um Uniforme e uma arma para derrotar Hitler é uma coisa maravilhosa. Uma canção de Josh sobre a procura de trabalho na produção para a Defesa do Tio Sam seria uma coisa boa, e até a menção do envio de muita ajuda a todos, em todos os lugares, de todas as cores, que estejam lutando para derrubar o velho Hitler... Isso pode ser desenvolvido.

Leadbelly é bom em “Bourgeouise Blues”, “Bottle Up & Go” e os dois são melhores juntos em “Don’t Lie Buddy”... Talvez com pequenas mudanças nos versos feitos por Josh.

As pequenas brincadeiras de Leadbelly entrando enquanto Josh está cantando sobre trabalho, mulheres etc. são finas e excelentes.

Blind Lemon Jefferson é a grande tradição na coisa toda e há uma porrada de casos e anedotas muito boas em sua vida que poderiam ser contadas pelo MC para pontuar o show inteiro, dar-lhe um valor um pouco mais histórico e demonstrar a origem desse estilo de música com os negros e sua expansão e influência mesmo entre brancos do planalto rural, e até lenhadores, garimpeiros, vaqueiros, pioneiros do petróleo etc., em algum lugar no show – porque os dois maiores vendedores da Victor, a saber Jimmy Rogers, o falsete do Blues, e a Carter Family, cantores de blues, baladas e música religiosa, constantemente usaram a repetição de dois e três versos, com um último verso igual. Os do Oeste estão cantando um estilo negro quase puro, no trabalho ou na celebração, e muitos deles ainda não pararam para pensar que a coisa toda remonta aos escravos, meeiros, trabalhadores das grandes cidades, turmas de trabalho forçado e cantos religiosos do povo negro. Essa é a influência do canto negro sobre todos os demais na América e deve ser mencionada, e demonstrada, em algum lugar do cartaz, apenas a título de um traço interessante.

O MC deve ter amizade muito íntima com Josh & Leadbelly, e falar deles com uma introdução rápida. Achei que a garota, embora uma ótima artista em seu próprio papel, estava procurando palavras ao falar sobre a dupla. Se estou enganado aqui, tudo bem. O comentário inteiro do programa é uma coisa fácil, curta e simples – mas tenho dúvidas se pode ser dito melhor em gíria de animação. Penso que aqui, no que concerne ao MC, o veio principal deva ser a inteligência e o humor, mas com seriedade e clareza, e algumas observações históricas interessantes deveriam ser feitas – porque a revista *PM* uma vez nos deu onze páginas inteiras de fotos sobre Huddie e Josh simplesmente porque seguimos uma linha de Blind Lemon a Huddie e Josh, e à Derrota de Hitler em uma única frase... Publicitários, fotógrafos e congêneres podem estar se coçando para empurrar essa matéria para a frente, mas esperando por algum viés oportuno que explique a despesa com filme, lâmpadas de flash e tinta para o grande chefe que é dono do jornal. Acho que é esse o caso de muitos repórteres e resenhadores. Esse é o principal segredo para se obter publicidade – fazer disso antes uma história de povos que um drinque de champanhe que borbulha um pouquinho e logo acaba.

Mais uma coisa. Eu gostaria de trazer para cá meu irmãozinho de Oklahoma com seu serrote e martelo, e meio que pregar para você uma caixa de display na frente de seu prédio para aproveitar bem o espaço que ela está ocupando, ter um melhor aspecto, dizer mais, ser mais fácil de ver e também ser à prova d'água e das intempéries – bem como para conseguir que clientes mais endinheirados desçam aquela escada que dá na sua caixa registradora. Tudo bem com aqueles quadros que você colocou ali – mas quem foi o infeliz que projetou aquele display? Ele me faz lembrar uma espelunca por que passei em algum lugar bem no interior do velho México onde um menino mexicano disse: Ah, então você está indo para Del Rey... Sim, são cinco quilômetros montanha acima... Eu estive lá uma vez no ano passado... Eles colocaram uma luz elétrica ali que fica acesa a noite toda...!

Estou bebendo outra xícara de café feito em casa, com borra e tudo, pelo sucesso de seu novo show.... exatamente como Barnum disse a Bailey.*

Qual é o nome daquele amigo seu que trabalha para a Administração de Energia de Bonneville lá em Portland, Oregon? Ele me pediu que lhe desse um alô em nome dele, quando estive pegando carona costa a costa na primavera passada. Eu disse que daria. Mas nunca dei. Ele também disse para você me dar um trabalho, mas também não cheguei a tocar no assunto.

Pegue leve, mas pegue.

Verdadeiro como a Média,
Woody Guthrie
27 de novembro de 1941

Nunca consegui programar Woody. Toda vez que eu tinha uma vaga para ele, ele tinha partido para algum lugar com seu violão, dedilhando seu caminho pelo país, para o campo "pois havia mais disso sob o milho que sob o concreto".

* P. T. Barnum e James Bailey são os fundadores do circo nos EUA na primeira metade do século XIX. A frase alude ao bordão criado por Barnum: "O maior espetáculo da Terra".

DEZ ANOS NO VANGUARD
E COMO CHEGUEI AO CARNEGIE HALL

Richard Dyer-Bennet nasceu na Inglaterra, cresceu na Califórnia e veio para Nova York em 1941 para entrar no ramo de concertos. Ele era tenor, magro, estatura mediana, nariz pontudo, cabelo cor de milho descendo-lhe pelas orelhas. Cantava baladas escocesas, irlandesas e inglesas dos séculos XVI, XVII e XVIII, acompanhando-se ao alaúde. Dei a ele um trabalho no Vanguard em 1942.

Cerca de um ano atrás, Dick e eu estávamos em um restaurante na rua MacDougal, sentados diante de uma garrafa de vinho, falando dos bons tempos no Vanguard.

"Fazia três anos que eu estava naquilo", disse Dick, pesaroso, enchendo seu copo. "Três anos, toda noite, três shows por noite, nem uma noite de folga, até que numa noite famigerada fui levado às pressas, exausto e com hemorragia, para o Hospital Bellevue. Minha mulher, Melvene, disse: 'Tire um mês de licença'. Mas minha filha, Bonnie, tinha acabado de nascer. Tínhamos de comer e pagar o aluguel."

"Quanto eu estava lhe pagando?"

"Oitenta e cinco dólares por semana. Era um aumento em relação aos 50 que Herb Jacobi me pagava no Ruban Bleu. Trabalhei lá algumas semanas quando cheguei em Nova York. Oitenta e cinco paus parecia um bocado de dinheiro. Você me aumentou para 150 um ano depois. No momento em que saí, você estava me pagando 350 por semana. Eu nunca lhe pedi aumento."

"Era mais dinheiro do que eu estava tirando com a espelunca", disse eu.

"Eu não vim para a América saindo de Londres, onde nasci, para a Califórnia, onde cresci, e para fazer depois toda a viagem de volta a Nova York para cantar no Vanguard por dinheiro", disse ele esvaziando seu copo. "Vim para Nova York para estrear no ramo de concertos. O Vanguard era o lugar em que eu poderia fazer isso melhor, disse-me Burl Ives quando cheguei aqui. Criar meu repertório, cometer erros, experimentar, cantar as canções que eu queria. Você nunca me disse nem uma vez que canções cantar."

"Mas que diabo eu sei sobre baladas inglesas do século XVII? Nunca ouvi nenhuma até que ouvi você cantar. Eu gostava mais das canções sangrentas, sobre motins e enforcamentos em alto-mar."

"Mas você gostava de 'Barbara Allen'", protestou Dick.

"Não era ruim."

"A mais delicada canção de amor já escrita", disse ele.

"Eu podia cantar as canções mais sangrentas ou as mais suaves no Vanguard. Você me deixava à vontade. Isso é que era o bom da casa."

"Você se lembra de uma véspera de Ano Novo?", continuou ele. "A casa balançava com pessoas usando chapéus de pateta. Eddie Heywood, o pianista, me apresentou. Fui para o palco. Eu nunca usava microfone. Fiquei lá em pé, esperando silêncio, um minuto, dois, três minutos. Aí, dei as costas e saí. Se não querem me ouvir, pro inferno com eles. Você não me disse uma palavra. Era outra coisa que eu gostava no Vanguard."

"No segundo show você ficou bem ao meu lado no palco, com cara de mau. Você soltou um 'shhh' que abalou a casa. Todo o serviço parou, os garçons ficaram atentos. As pessoas pararam de falar, olharam duro para os que não paravam e, antes que me desse conta, um silêncio de morte se espalhou pela casa. Abri com a canção mais silenciosa, 'Where the White Lily Grows', de Ben Jonson, à meia-noite de uma véspera de Ano Novo!"

"Burl e eu estávamos diariamente juntos, andando por Nova York trocando canções. Eu estava no Ruban Bleu; ele no Vanguard."

"Naquele ano, Gilbert Seldes estava operando uma estação de TV experimental para a CBS no prédio da Grand Central. Ele ouviu Burl, depois me ouviu e nos contratou para três programas, eu cantando baladas inglesas e escocesas, e Burl cantando as descendentes americanas dessas baladas. Uma ótima idéia musical. Eu fiz a 'Golden Vanitee'; Burl, a 'Turkish Reverie'. Fizemos as versões inglesas e americanas de 'Barbara Allen' e 'Lord Randall' e, depois, fizemos juntos 'Go Tell Aunt Rodie'. Eu adorei aquele programa."

"É, eu me lembro da noite em que Burl veio me ver", disse eu. "Ele estava programado e encerraria no fim da semana. 'Consegui o homem certo para ficar no meu lugar', disse ele. A palavra de Burl era o bastante para mim. Nem mesmo pedi um teste para você, pedi?"

"Não, mas você me ouviu. Eu cheguei uma noite e Burl me chamou até o palco. Você bem que me ouviu, antes de me contratar. Você sabia o que estava fazendo, seu malandro."

"Uma porção de atrações chegaram e partiram enquanto estive no Vanguard: Leadbelly; 'Professor' Corey, o comediante; Pearl Bailey."

"Eu os mandava – alguns deles – para o Blue Angel, que abri na 43 junto com Herbert, seu antigo chefe no Ruban Bleu."

"A mim você manteve."

"Vou lhe dizer por quê. 'Aquele inglês magro, loiro, de nariz bicudo com o alaúde ainda canta na sua boate?', as pessoas me ligavam perguntando. Você estava criando uma platéia, cara. Foi por isso que o mantive, se você quer saber a verdade."

"Lembra-se da noite em que Carol Channing estreou?", perguntou Dick. "Recém-saída do Bennington College. Eddie Heywood, que a acompanhava, veio me perguntar: 'Por que diabos Max a contratou? Ela não sabe cantar'."

"Ela é comediante, não precisa cantar", disse eu a Eddie.

"As pessoas esperavam o intervalo para me mostrar velhas canções", devaneou Dick, "canções que suas avós lhes ensinavam, elas se ofereciam para cantá-las para mim. Entrávamos na cozinha – ouvi pela primeira vez a canção sobre a escassez da batata irlandesa, 'Down Where the Praties Grow' bem na sua cozinha. Anotei a música, compus um arranjo de alaúde e desde então ela passou a fazer parte de meu repertório de concerto. Eu passava mais tempo na cozinha do Vanguard do que na cozinha de minha casa."

"A propósito, qual era o nome daquele executivo de Chicago que vinha ao Vanguard e se sentava aos seus pés toda vez que vinha a Nova York a negócios?", perguntei a Dick.

"Paepke – Walter Paepke, o chefe da Container Corporation of America, um homem distinto. Foi ele quem ofereceu a minha esposa e a mim uma ajuda para montar nossa escola experimental de menestréis em Aspen, Colorado. Mas isso aconteceu três anos depois do Carnegie Hall."

"E sabe, Max, não foi Sol Hurok quem primeiro me levou para o Carnegie Hall. Foi Ted Zittel!"

"Ted o quê?"

"Ted! O publicitário de Mike Quill – Mike Quill, do Sindicato dos Trabalhadores dos Transportes. Você não se lembra de Ted? Ele e Mike iam toda sexta-feira à noite me ouvir. Nas noites de sexta-feira eu colocava mais umas duas baladas irlandesas para Mike.

"Primeiro, Ted me pediu que eu cantasse para o sindicato no Madison Square Garden. Depois, na primavera de 1944, ele me apresentou em três recitais na prefeitura. Finalmente, numa noite de sexta-feira, Ted me disse: 'Você foi feito para o Carnegie Hall. Que me diz? Você nem precisa tirar uma noite de folga daqui'.

"Foi como aconteceu. Foi assim que cheguei pela primeira vez ao Carnegie Hall. Não, não foi Sol Hurok."

Dick tornou a encher seu copo, tomou um longo fôlego e continuou.

"Mas Sol Hurok estava lá naquele salão solene naquela noite de novembro. Ele me ouviu. Ouviu o aplauso. Deve ter pensado consigo mesmo: 'Quem é este tenor com um alaúde que canta velhas canções em um porão do Greenwich Village e que consegue lotar o Carnegie Hall? Se ele pode fazer isso uma vez, pode fazer de novo. É melhor eu ir até lá e o agarrar'.

RICHARD DYER-BENNET

"Eu disse que ele deve ter pensado nisso porque, três noites depois, Walter Prude, seu braço-direito, entrou no Vanguard com a esposa, Agnes De Mille, a dançarina, e Sol Hurok, o famoso empresário em pessoa.

"Na tarde seguinte em seu escritório, Sol Hurok me contratou para começar uma turnê em 1945. Eu nem acreditei.

"Com o contrato de Sol Hurok no bolso, embalei meu alaúde, vendi minha mobília na rua Charles e com esposa e duas filhas me mudei para Aspen, Colorado. E durante anos, tendo Aspen como minha base de operações, Hurok me enviou para dar concertos por toda parte do país, até no Alasca.

"Quando você era escolhido por Hurok, achava que estava feito. Mas meus honorários por concerto no começo não eram tão altos assim, você sabe, e Hurok nem sempre me garantia uma temporada de concertos muito ocupada. Quando as contas começaram a se acumular, eu ligava para você de Aspen e perguntava: 'Você tem vaga para mim para umas duas semanas?' Graças a Deus, você sempre tinha, ou no Vanguard ou no Blue Angel. Não foram três anos que trabalhei para você no Village Vanguard, como você diz. Ao todo foram dez anos." Dick riu ao pensar naquilo.

"Hurok, infelizmente, se foi e minha programação de concertos se reduziu. Fiz um no Alice Tully Hall no ano passado. Você estava lá. Você notou que agora eu uso acompanhamento de piano? Nada de alaúde nem de violão.

"Assumi um emprego para ensinar técnica vocal para atores na The State University of New York em Stony Brook, Long Island, para encher o tempo e comer. Eu canto para a minha classe, conto a eles como se faz, se é que uma coisa dessas pode ser contada.

"Não se surpreenda se um dia desses um de meus alunos aparecer e lhe pedir trabalho. Eu gosto de falar a meus alunos sobre os anos em que estive no Vanguard, da noite em que Carl Sandburg passou por lá, juntou-se a mim no palco e fez um de seu blues falados. Eu conto a eles sobre Woody Guthrie e sobre o último concerto de Leadbelly.

"Era 1949, e um dia recebi um telefonema em Aspen de um empresário em Omaha, que agendou Leadbelly para uma série de concertos no Texas Panhandle. Leadbelly estava muito doente para continuar. Será que eu poderia ir até Lubbock no Texas e substitui-lo? Assim, com minha filha Bonnie, tomei um vôo para Lubbock.

"Fiquei sabendo que na noite anterior tiveram de levar Leadbelly até o palco, com as cortinas fechadas, e sentá-lo em uma cadeira para que ele pudesse fazer sua apresentação. Depois dessa apresentação, sua esposa Martha, que estava na turnê com ele, decidiu que ele já havia chegado ao limite e ela não aceitaria nenhum não como resposta. Ela conseguiu levá-lo a um médico em Nova York. Três meses depois, Leadbelly estava morto.

"A platéia esperando Leadbelly, e eu é que entrei. Assim, cantei algumas das canções dele, canções que fazíamos no Vanguard. Falei a eles sobre Leadbelly – sua força, sua dignidade, cortesia e de como ele, apesar de tudo, não foi consumido pela raiva negra.

"Meus alunos também gostam de ouvir sobre a noite da grande briga", continuou Dick.

"Que briga?"

"Da noite que aqueles cinco marinheiros entraram bêbados."

"Três marinheiros, Dick."

"Não, estou lhe dizendo, eram cinco."

"Três, quatro ou cinco", disse eu, "graças a Deus, Burl Ives estava lá aquela noite. Os marinheiros nem souberam o que os havia atingido."

"Quando aquele marinheiro me deu um soco no nariz", disse Dick, "dei um tapa com as costas da mão no seu pomo de Adão. Você sabe que eu era um bom jogador de tênis."

"Burl ainda usava uniforme, havia acabado de dar baixa do Exército."

"Você sabia que Burl era zagueiro da equipe de futebol americano na Universidade de Illinois antes de vir para Nova York, e podia correr 100 metros em 11 segundos cravados?", perguntou Dick.

"É, aqueles marinheiros descobriram que ele não era nenhum vagabundo", disse eu.

"Você lutou como um demônio", disse Dick.

"Como um demônio? Pelo que me lembro eu peguei uma cadeira. A primeira coisa que eu sempre fazia quando começava uma briga – pegar uma cadeira."

"Uma cadeira é a melhor arma de defesa em uma briga de boate", concordou Dick. "Leadbelly me disse isso daquela vez. Mas eu não tive tempo para apanhar uma cadeira. Aconteceu tão rápido. E logo terminou. E jogamos aqueles cinco marinheiros na rua depois que os tiras entraram."

"Três marinheiros", disse eu.

"Não, eu insisto que eram cinco. Pelo menos é o que conto para a minha turma em Stony Brook. A noite da grande briga! Confronto na Taverna é como eu chamo aquela noite. Eles adoram ouvir isso. Uma briga em uma boate."

Dick pediu outra garrafa.

"E agora posso lhe contar as novidades?", perguntou Dick. "Estou prestes a embarcar em um projeto que tomará os próximos cinco anos de minha vida. É excelente! Tudo o que fiz até agora, cada coisa que fiz, meus dez anos no Vanguard, me prepararam para isso: uma gravação de 24 horas dos 24 livros da *Odisséia* de Homero, a grande tradução de Fitzgerald do maior de todos os poemas gregos! Graças a Deus ainda tenho voz para isso.

"O National Endowment for the Humanities me concedeu 100.000 dólares para os primeiros dois anos do projeto de cinco anos. Vou começar a usar minha voz novamente, entoando os versos clássicos, heróicos, jamais esquecidos de Homero em fita, para a posteridade. Escute isso."

Dick arrastou sua cadeira para mais perto.

"Ulisses, o guerreiro grego", começou Dick, "depois do sítio e saque a Tróia, depois de vinte anos de viagem e perambulação, volta para sua esposa, Penélope, e para Telêmaco, seu filho. Penélope estava tirando uma soneca.

"Antes de despertá-la, Ulisses teve de matar os pretendentes que haviam invadido e violado o santuário de sua casa enquanto ele esteve fora. Por Deus, ele matou todos. E ali estava Ulisses, em pé. Ouça as palavras imortais de Homero:

... spattered and caked with blood
like a mountain lion
when he has gorged upon an ox, his kill

with hot blood glistening over his whole chest
smeared on his jaws, baleful and terrifying
even so encrimsoned was Odysseus
*up to his eyes and armpits.**

"Penélope ainda estava cochilando enquanto isso acontecia.

"Não a despertem, ordenou ele à chefe de suas escravas. Ele descobrira que duas criadas haviam decaído enquanto ele estava fora. Primeiro elas tinham de ser descartadas.

"E quer saber como Ulisses se desfez delas?", perguntou Dick. "Sei de cor essa passagem:

He tied one end of a hawser to a pillar
and passed the other about the roundhouse top,
taking the slack up, so that no one's toes
could touch the ground. They would be hung like doves
or larks in springes triggered in a thicket,
where the birds think to rest – a cruel nesting.
So now in turn each woman thrust her head
into a noose and swung, yanked high in air,
to perish there most piteously.
*Their feet danced for a little, but not long.***

"Foi assim que ele se desfez delas. É bonito", disse Dick quando terminou. "Você sempre gostou dos casos sangrentos e esses são contos repletos de sangue, seu velho sacana."

* Homero, *Odisséia*, tradução de Robert Fitzgerald, livro 22, v. 453 ss. "De mãos e pés imundo encontra a Ulisses / de triste mortualha circundando / como o leão, que tendo a rês comido, / cruento o peito e a cara, avulta horrível." Canto 22, versos 294-297, tradução de Odorico Mendes.

** Homero, *Odisséia*, tradução de Robert Fitzgerald, livro 22, v. 550 ss. "... nisto, um calabre / naval de uma coluna atando, em roda / no alto passa da torre, que nenhuma / o chão de pés tocasse. Qual, entrando / pombas ou tordos num vergel, da moita / em rede caem de estendidas asas, / triste poleiro e cama; assim, por ordem / elas em laços, curto esperneando, / cessam de palpitar estranguladas." Canto 22, versos 342-350, tradução de Odorico Mendes.

"Quando você começa a gravar?", perguntei.

"Eu uso uma pequena harpa quando estou entoando esses versos imortais."

"Do jeito que você diz os versos e com um acompanhamento de harpa, poderá lotar o Carnegie Hall."

"Você acha? Mas talvez eu devesse apresentá-lo no Vanguard primeiro. O que me diz?"

"Acharei uma vaga para você. Quando eu voltar para a boate, vou dar uma olhada na agenda e reservar umas duas semanas para você."

E assim saímos daquele restaurante para a noite de Nova York, descemos a rua MacDougal, passamos pela Houston e a West Broadway, procurando outro restaurante e outra garrafa de vinho.

MINHA MUDANÇA PARA UPTOWN

Abri o Blue Angel em 1943 na rua 55 Leste, o chique, elegante e rico Upper East Side de Manhattan, e o fechei em 1963. Ele durou vinte anos, uma geração.

"Como pôde um lugar como o Blue Angel fechar?" É o que as pessoas ainda me perguntam. Na época era a maior boate de Nova York. "Nunca haverá outro lugar como esse", diriam às três da madrugada, depois de alguns drinques.

De fato, foi uma boate e tanto enquanto durou. Em primeiro lugar, ela foi decorada, segundo se diz, em "um estilo inteligente, continental" por meu sócio, Herb Jacobi, com a ajuda de Stewart Chancy, o cenógrafo de teatro da Broadway. Paredes de couro encerado no bar, paredes estofadas de veludo cinza com florões rosa no cômodo principal, banquetas de couro rosa, um tapete vermelho brilhante, mesas de tampo de mármore preto – era essa a idéia de Jacobi sobre como os novaiorquinos achavam que deveria ser uma boate francesa chique. Lenny Bruce não gostou nem um pouco disso. "Parece o interior de um caixão de defunto", disse ele quando trabalhou lá.

Acima do palco Jacobi havia pendurado um anjinho de Michelangelo pintado de azul.

Mas não era a decoração que tornava o lugar tão sensacional, eram os shows que aconteciam ali.

Freqüentemente, quando abro o jornal, vou ao teatro ou ligo a televisão, sou lembrado de alguns dos shows geniais e não tão geniais que passaram pelo Blue Angel ao longo de 20 anos. Muitos dos artistas mudaram de gênero nesse ínterim – passando da comédia ou do canto para a atuação, o roteiro, a direção e a produção. Outros aperfeiçoaram seus velhos números. Dorothy Loudon, a estrela dos grandes sucessos da Broadway, *Annie* e *Sweeney Todd*, começou sua carreira cantando 15 anos antes no Blue Angel. Quando Yul Brynner se sentou em cima de nosso piano de cauda no ano em que abrimos, tocando seu violão e cantando baladas populares russas, dava uma pequena idéia de um rei do passado e do futuro. Josephine Premice, que recentemente encerrou uma longa temporada na Broadway com *Bubbling Brown Sugar*, estava cantando e dançando de pés descalços em um espetáculo beneficente no Webster Hall do Lower East Side quando a chamei para o Vanguard e o Blue Angel em 1947.

Elaine May e Mike Nichols, grande dupla da comédia, foram sucesso imediato quando estrearam em 1960, após terem acabado de chegar a Nova York como dois jovens sem dinheiro que vinham de Chicago. Hoje, Mike é diretor na Broadway e Elaine escritora em Hollywood.

Muitos grandes comediantes se apresentaram no Blue Angel. Woody Allen fez ali sua nervosa estréia como comediante solo quando pela primeira vez deixou de escrever *gags* para outros comediantes. Carol Burnett foi um sucesso da casa no início dos anos 1950. Certa noite, um congressista republicano do Ohio chegou especialmente de Washington para ouvi-la cantar "I'm in Love with John Foster Dulles". Queria verificar se havia algo subversivo na canção. "Eu não ouço nada subversivo", disse ele a mim no bar. "Essa garota vai longe."

Barbra Streisand era uma ótima cantora quando estreou na casa em 1959. Ela mal chega a cantar em seu filme mais recente. Hoje ela se considera atriz.

Vi Imogene Coca no Canal 13 na noite passada, fazendo uma imitação de uma torturada cantora romântica, o mesmo número que ela fazia no Blue Angel em 1948. Ainda era engraçado. Mas o que Phyllis Diller está fazendo em comerciais de TV? Quer dizer, além de ganhar dinheiro.

Trouxemos Phyllis de San Francisco para Nova York – mais ou menos na mesma época de Mort Sahl, o primeiro dos cômicos indignados. Ele ainda se apresenta nos clubes. Mas Dick Gregory, que encontrei em Chicago, não tem mais tempo para comédia. Quando vejo seu nome hoje nos jornais, é porque ele foi preso em algum piquete grevista.

Em 1954, Tom Lehrer tirou uma licença do magistério em Harvard para se apresentar durante um mês no Blue Angel, saindo depois para poupar sua inteligência para os seus alunos. As canções de Tom, com sua demolidora sátira e humor negro, geralmente me deixavam de quatro.

Entretanto, o que você acabou de ler é apenas uma pequena amostra do brilho cômico do Blue Angel. Há muitos outros nomes mais brilhantes a acrescentar: Eddie Mayehoff, Jerry Stiller e Anne Meara, Charlotte Rae, Arte Johnson, Robert Clary, Eartha Kitt, Jonathan Winters, Kaye Ballard, Andy Griffith. A maioria deles seguiu para a fama e a fortuna ou, como Lenny Bruce, o pobre coitado, para a fama, a fortuna e o desastre.

Nem todo comediante que estreou fez sucesso no Blue Angel. Paul Mazursky não se saiu muito bem. No entanto, hoje ele está se dando bem em Hollywood.

Quando *Timbuktu!* estreou na Broadway e li as resenhas sobre o desempenho de Eartha Kitt, lembrei-me de uma noite de neve em fevereiro de 1947. A neve estava na altura dos joelhos e o vento uivava. Às 10 horas da noite Eartha ainda não havia chegado ao Blue Angel. Liguei para ela. Ela não viria, não podia se apresentar naquela noite miserável – não havia táxi nem nada. "O Angel provavelmente vai estar morto mesmo", disse ela.

"O show está prestes a começar", gritei ao telefone.

"Você terá que vir me buscar se quiser que eu trabalhe hoje à noite."

Eu dirigia um Olds de segunda mão, o único carro que tive. Fui até a rua 147, em Sugar Hill no Harlem, e esperei à porta do prédio de apartamentos em que ela morava até que ela desceu. Ela entrou e sentou-se ao meu lado.

"Está frio aqui dentro", disse ela. "Ligue o aquecedor."

PETE SEEGER & THE WEAVERS
NO BLUE ANGEL

"Você não está com seus diamantes para mantê-la aquecida?" Eu fazia uma alusão jocosa ao número de Eartha que trazia a casa abaixo toda noite.

"Aumente o aquecedor", disse ela.

Descemos a Quinta Avenida.

"Por que você não tira uma noite de folga de vez em quando?", disse ela, voltando os olhos para mim.

"O que eu faria com uma noite de folga?"

"O que você faria com uma noite de folga!", disse ela imitando-me e riu.

O interior do carro estava morno no momento em alcançamos a rua 55. Seria agradável tirar uma noite de folga, fiquei pensando. Especialmente uma noite como esta e com esta bela garota sentada aqui ao meu lado.

Mas nem mesmo tentei. Acho que eu era bobo demais.

Não faz muito tempo, encontrei Portia Nelson em um clube do Soho, cantando tão bem quanto cantava no Angel vinte anos atrás. Talvez até melhor. Tivemos uma sucessão de grandes cantoras – Evelyn Knight, Maxine Sullivan, Mildred Bailey, Barbara McNair, Miriam Makeba e Mabel Mercer, a *decana* das cantoras da noite que hoje está melhor do que nunca.

Tom O'Horgan, cantando e tocando uma harpa, não era nenhuma grande sensação, mas foi bom para um mês inteiro no Blue Angel. Ele logo desistiu de cantar, fixou residência no Café La Mama, tornou-se diretor e seguiu em frente para converter *Hair* em um musical milionário.

Diahann Carrol era um garota de 18 anos de tirar o fôlego quando estreou nos anos 1950. Numa noite de segunda-feira do ano passado ela desceu ao Vanguard para ouvir Thad Jones. "Eu tenho uma filha que está com 18 anos", disse-me Diahann. "Dá para acreditar?"

Bobby Short não tinha muito mais de 18 quando Jacobi o contratou. Vejo que ele está de volta novamente ao Carlyle, onde os clientes parecem achar que ele estará eternamente cantando e tocando seu piano.

"Em que ano você estreou no Blue Angel?", perguntei a Bobby uma noite, não faz muito tempo.

"Melhor não falar em que ano foi", respondeu ele. "Se eu lhe contar, você saberá quantos anos tenho. Nunca conto minha idade. Sendo negro, o Blue Angel era a única boate do Upper East Side de Nova York em que eu poderia ter trabalhado na época. Isso lhe diz que ano era?

"Comecei a formar meu público no Blue Angel. Eles me seguiram para o Carlyle, imagino – alguns deles. Tem noite que vejo aqui no Carlyle as mesmas caras que eu via no bar do Blue Angel. Eu gosto de atender as pessoas que vêm me ouvir cantar. Elas fazem pedidos, me passam notas de 5, 10, 20 dólares. Eu nunca aceito gorjetas. Nunca! Mas teve uma noite que um sujeito me mostrou uma nota de 100 dólares. Ele pediu uma música pouco conhecida de Cole Porter – que eu conhecia, claro. Olhei para o camarada. 'Se você botar mais 100 para o meu baixista e meu baterista', disse a ele, 'eu poderia ser induzido a aceitar'. E não é que ele botou? Não, eu não aceito gorjetas.

"Cem, duzentos é diferente, Max. Entende o que eu digo?"

Quando Bobby saiu do Blue Angel, apresentamos Eadie e Rack, uma dupla de pianistas. Como tivemos de comprar um segundo piano, podíamos naquele momento programar outra dupla, como Ferrante e Teicher, que eram muito bons. Mal os reconheci na televisão outro dia, com suas novas barbas e cortes de cabelo.

Não me entendam mal. Não estou querendo colher louros por descobrir todos esses grandes talentos. Na verdade, o que Jacobi e eu fazíamos? Estávamos lá, administrando uma casa. Só pagávamos o aluguel.

Recusamos algumas pessoas muito boas: Cyril Ritchard, Carl Reiner, Ralph Meeker. "Eles não têm um show de boate", disse Jacobi, e tive que concordar com ele.

Foram as atrações que encontramos ou que nos encontraram que mantiveram a casa funcionando durante 20 anos.

Quando conheci Jacobi em 1942, ele programava shows para o Ruban Bleu na rua 56 Leste. Antes de emigrar de Paris para Nova York em 1936, ele programara shows para Les Boeufs Sur Les Toits, uma boate parisiense. Alto, moreno, alinhado em seu terno cinza listradinho, imaculadamente barbeado, Jacobi é o único homem que conheci que parecia dono de boate.

Eu era um garoto do Village, administrando um porão no Greenwich Village durante oito anos, e vislumbrei uma chance de mudar para Uptown rumo ao sucesso quando Jacobi me propôs o Blue Angel. Eram necessários 10 mil dólares para abrir a casa. Jacobi não tinha dinheiro. Parei de pagar minhas contas de bebidas no Vanguard por um mês, passei ao pagamento contra entrega, e com isso juntei 5 mil, a minha parte. Um amigo emprestou a Jacobi a metade dele.

Pagamos a seu amigo 6 mil com os lucros do Blue Angel depois que abrimos. Isso levou um ano, e durante um ano, o Shylock* amigo de Jacobi, e uma mesa cheia de cupinchas jantaram na casa, esperando por seu dinheiro.

Essa foi a parte boa de nossa sociedade. Jacobi e eu nunca contabilizamos ciosamente nossos dólares entre nós. Éramos desligados a esse ponto. Nunca importunamos um ao outro por causa de um dólar.

Na tarde da noite em que abrimos, Jacobi me entregou um envelope. "Leia isto quando tiver oportunidade", disse ele. Tive muita dificuldade para decifrar seus garranchos. Ele tinha planejado dizer essas coisas pessoalmente para mim mas, em vez disso, na última hora decidira escrever. Ele queria que eu soubesse de seus sentimentos no momento em que estivéssemos prestes a abrir as portas do Blue Angel, o quanto ele era grato por minha paciência, por eu lhe dar carta branca para decorar o lugar, para programar o show de inauguração, tudo sem nenhuma interferência de minha parte.

Guardei a carta. Jacobi era mais tímido e sensível do que eu imaginava.

Deixei que Jacobi levasse a bola porque eu era um egresso do Village que subira para o Upper East Side de Manhattan, "um outro mundo". "Tudo ao norte da rua 14 é outro mundo", dizíamos no Village. Por isso, mantive minha boca fechada.

Jacobi contratou um chefe de cozinha francês e uma senhora francesa cuja especialidade era fazer omeletes. Ela tinha um repertório de duzentas delas. Eu podia me sentar – em uma cadeira de couro preto

* Personagem da peça *O mercador de Veneza*, de Shakespeare, personificação do agiota, usurário.

– pedir "uma omelete *fines herbes*", e o prato me era servido por dois garçons italianos vestidos em casacas. Eu estava mesmo montado no sucesso no Blue Angel.

Certa noite fiquei sabendo que uma omelete tinha sido servida à Duquesa de Windsor. Os garçons falaram nisso durante uma semana. E outra noite vaguei pela cozinha e encontrei o chefe da cozinha e a senhora da omelete sentados frente a frente em cadeiras, silenciosamente adormecidos.

Nossa primeira briga de sócios: eu dizia que o Blue Angel era para bebidas e diversão. Jacobi defendia as omeletes e a elegância. Quando uma boate está lotada todas as noites, como o Blue Angel estava, as disputas entre sócios não vêm ao caso. E o Blue Angel ficou abarrotado desde a primeira noite.

O show de inauguração consistiu em quatro atrações: Mme. Claude Alphand, a esposa do embaixador francês, uma cantora amadora que preferia cantar em uma boate a morar na embaixada em Washington; um barítono equatoriano que cantava única e exclusivamente em espanhol; Brenda Fraser, uma maliciosa comediante britânica; e Sylvia Marlowe ao cravo, tocando Bach e boogie-woogie.

Não levou muito tempo para o Blue Angel ganhar fama no *show business* como a vitrine número um em Nova York para shows que pretendiam ir mais longe. Empresários e agentes começaram a bater em nossa porta apresentando seus "produtos quentes" – atrações "geniais", "maravilhosas", "sensacionais", "exatamente as atrações que vocês estão procurando".

Então, por que tínhamos tanta dificuldade para encontrar as atrações que estávamos procurando? Lembro-me que sempre estávamos procurando uma atração para o lugar de outra que estava saindo.

Realizávamos testes nas tardes de segunda-feira. Como uma atração que parecia fria à tarde iria soar à noite na frente de uma platéia? É bom ter outra opinião em que se apoiar. Foi como comecei, por assim dizer, a entrar no ramo. Jacobi e eu, depois de um teste, púnhamos a cabeça para funcionar e apresentávamos uma decisão.

Passávamos por uma agonia a cada atração que programávamos. Quando uma deles falhava, ficávamos preocupados. Se a platéia fosse fria, sentíamo-nos rejeitados. Se a platéia fosse entusiástica, sentíamo-nos redimidos e triunfantes.

Em 1943, quando o Blue Angel abriu, Pearl Bailey e Irwin Corey – "O Professor", "a maior autoridade mundial" – estavam encabeçando o show no Vanguard.

Eu me perguntava como Pearl e Corey se sairiam em Uptown. Eles arrasariam no Blue Angel como estavam arrasando toda noite no Vanguard? "Vá até lá e veja Pearl e o Professor", disse eu a Jacobi. "Diga-me o que você acha."

Lembro-me que conferenciei secretamente com Jacobi sobre Pearl, para saber se a trazíamos ou não para Uptown. Em 1943 era preciso pensar duas vezes antes de trazer uma negra para o chique East Side de Manhattan. Quanto a Corey, seria ele desleixado demais com seus tênis brancos sujos, bravo demais em seu estilo de comédia, para a rica clientela em busca do simples entretenimento de uma noite? O Professor ficava indignado com a corrupção e estupidez do mundo. Em Uptown, ririam de sua fúria desamparada e chaplinesca como estavam fazendo em Downtown?

E os cantores de música folk seriam adequados para o Blue Angel? Jacobi achou que poderiam ser demasiado sóbrios, castos e extramundanos para a multidão apressada de Uptown.

Decidimos correr o risco.

Pearlie Mae Bailey e, depois, o Professor chegaram ao Blue Angel em 1945 e se saíram tão bem quanto o haviam feito no Vanguard. Em 1947, Pete Seeger e The Weavers fizeram a viagem a Uptown, tal como Burl Ives, Josh White e, mais tarde, Harry Belafonte e Richard Dyer-Bennet. No correr do tempo, tivemos o Kingston Trio, os Limelighters e Alan Arkin com um violão, cantando canções folk. Às vezes o Blue Angel revidava, enviava atrações para o Vanguard. Orson Bean, Woody Allen, Mort Sahl, Lenny Bruce. As atrações é que mantiveram o Blue Angel em funcionamento durante vinte anos.

Mas mil vezes me perguntaram – por que o Blue Angel fechou? Um de meus interlocutores tinha uma resposta para sua própria pergunta. "Você se lembra do Stork e do El Morocco?", disse ele. "Também eram casas sensacionais, enquanto duraram. Mas chegou o momento em que os filhos de seus velhos clientes deixaram de levar para lá as filhas de seus velhos clientes. Sabe por quê? Os garotos ricos se recusavam a usar gravatas como os pais. E o chefe dos garçons à porta não os deixava entrar sem gravata. Por isso, eles deixaram de ir. O ramo caiu e as casas fecharam."

"Talvez houvesse outras razões", sugeri.

"Certamente. Os pontos envelhecem, os clientes envelhecem, os proprietários envelhecem."

Ele me olhou direto nos olhos quando disse isso.

Quando abrimos o Blue Angel em 1943, o setor da rua 47 até a rua 59 entre Park e Lexington era em sua maior parte residencial. Com o tempo os prédios de apartamentos vieram abaixo e em seu lugar se elevaram edifícios comerciais. Nos velhos tempos, se você morasse no bairro, podia ir a um show da Broadway e voltar a pé para casa, e talvez parar no Blue Angel para uma ceia e para assistir a umas duas atrações do fim de noite. Recebíamos muitos clientes desse tipo. Esse modo fácil de vida metropolitana em Nova York foi se alterando à medida que se acelerava a migração para os subúrbios. O bairro começou a ter um aspecto escuro e abandonado.

Uma noite na cidade estava se tornando uma coisa complicada. Implicava ter babás, tomar um trem para casa tarde da noite ou passar a noite na cidade. Era preciso pensar duas vezes antes de fazer isso.

E muitos freqüentadores assíduos do Blue Angel já não ficavam saindo muito, não gostavam das altas horas, tinham de ir para a cama, tinham compromisso logo cedo na manhã seguinte. Ouvi um bocado dessa conversa por parte de velhos clientes. Quanto a seus filhos e filhas, simplesmente não iam ao Blue Angel como não iam ao Stork e a El Morocco.

Depois houve o surto da televisão. Os olheiros da televisão – que se chamavam coordenadores de talentos para comédia e programas de entrevistas – passaram a assombrar o Blue Angel para recrutar atrações para seus programas. O Blue Angel era um berço, uma pista de provas, uma escola preparando atrações para o apetite insaciável da televisão.

De algum modo, em certo sentido, tudo começou a mudar. As atrações não pareciam precisar mais do Blue Angel para entrar na TV, onde estava o dinheiro grosso. Encontramos, por exemplo, Peter, Paul e Mary – uma grande atração. Quando quisemos trazê-los de volta três meses depois, seu empresário só os deixava aparecer na televisão, em anfiteatros ou estádios universitários a trezentos e cinqüenta paus para uma apresentação noturna. Era um preço proibitivo para nós.

Encontrar atrações – o tipo de atração de que a cidade ficaria falando a respeito – foi se tornando cada vez mais difícil. Uma boa atração não era o bastante. Ela tinha de ser fresca, nova, emocionante.

Meu sócio Jacobi captou os sinais no ar. Deu um giro e decidiu que queria sair enquanto ainda havia tempo. Não sendo eu o "expert" que pensava ser, comprei sua parte por 35 mil dólares à vista em 1959. Eu não acreditava, não podia acreditar que o Blue Angel já havia chegado ao limite. Achei que podia mantê-lo vivo, encontrar as atrações que fizeram dele o que ele sempre foi – a maior boate de Nova York. Não é fácil ver uma casa ir para o ralo. Chamei Stewart Chancy para examinar o local, renová-lo, dar-lhe uma cara nova. Talvez fosse disso que precisava.

Mas a coisa estava lá, acontecendo à minha volta. Eu não via, não queria ver – que uma nova geração de notívagos não queria ir para o tipo de lugar que era o Blue Angel. Eles não queriam assistir a um show; queriam fazer seu próprio show. Não queriam ficar grudados numa cadeira em uma boate. Queriam fazer o que era "a deles", investigar o mistério da noite, ouvir uma musiquinha, levantar e talvez dançar, ou apenas sentar e falar com a garota sentada perto deles no bar.

Na noite de encerramento, Jacobi passou e sentou comigo em um canto. No fim, senti-me estranhamente aliviado, até exaltado. O Blue Angel havia se tornado um fardo. O pequeno palco apertado se tornara apertado demais. Se algum dia eu fosse fazer alguma coisa novamente, teria de ser em outro palco. Vinte anos, uma geração. O show acabou. Baixem as cortinas. Assim, fechei e voltei para o Village Vanguard, de onde eu havia saído.

LE DIRECTOIRE

Quando se está administrando uma boate de sucesso em Nova York – o lugar abarrotado toda noite, o melhor entretenimento na cidade, a bebida rolando e o dinheiro entrando – por que abrir outra casa três quarteirões abaixo na mesma rua? Foi isso mesmo que fizemos, Jacobi e eu, em 1948, cinco anos depois que abrimos o Blue Angel.

Compramos o equipamento do defunto Cafe Society Uptown, de Barney Josephson, por 75 mil dólares. Jamais saberei por que pagamos a Barney todo esse dinheiro quando ele precisava desesperadamente de um inquilino para seu prédio. O que aconteceu foi que demos uma boa olhada no material envelhecido que ele deixara para trás e decidimos descartar tudo – cadeiras, mesas, o bar e a cozinha. Decidimos tirar tudo e construir no recinto uma boate nova a partir do zero.

Não éramos *inteiramente* estúpidos. Jacobi e eu não estávamos abrindo uma casa para competir com nós mesmos no Blue Angel. A nova casa tinha de ser diferente. Uma vez que ela acomodava 300 pessoas, consideravelmente maior que o Blue Angel, pretendíamos programar atrações maiores. O que seriam essas atrações não sabíamos ao certo, sem contar aquelas que já tínhamos contratado para a inauguração: Kay Thompson, Andy Williams e os Williams Brothers. Eles estavam tocando em Miami e Walter Winchell os alardeava a cada dois dias em sua coluna como a maior atração na história das casas noturnas.

"Vamos montar uma casa que irá deixar essa cidade de orelha em pé", disse Jacobi. "Temos o dinheiro; temos o local; temos a experiência e temos uma grande atração de abertura. Essa casa tem capacidade. Podemos pagar agora mais dinheiro pelas atrações – quer dizer, por atrações que demandam mais dinheiro."

Uma diferença entre a nova casa e o Blue Angel: na nova haveria dança. Depois do show um cavalheiro e sua dama podiam levantar, esticar-se e dançar.

Não paramos para pensar que talvez eles não precisassem dançar, que não quisessem dançar, que um bom show era o bastante. Um cliente do Blue Angel certa vez me confidenciou: "Eu geralmente trago minha mulher ao Blue Angel porque não tenho que dançar com ela".

Mas não: contratamos Ted Straeter e sua banda por 1.800 dólares por semana para que um casal pudesse dançar rumba em vez de ir para casa e dar espaço para outro casal que viria ver o show.

Que nome dar à casa? Nós nos exaurimos experimentando nomes que se ajustassem às dimensões dessa nova espelunca, um nome com promessa e ressonância, algo europeu, claro. Jacobi propôs: Le Directoire. "Tem tudo que eu sempre quis em um nome", proclamou ele.

Tive de consultar uma enciclopédia para descobrir que diabo Jacobi estava falando.

(Na noite da véspera da inauguração, um motorista de táxi me disse: "Como é que vou trazer as pessoas para a sua boate se elas não conseguem pronunciar o nome dela?".)

Quem seria de confiança para montar e decorar Le Directoire? Jacobi disse que o homem ou mulher escolhida para esse importante trabalho deveria ser alguém que jamais houvesse decorado uma boate antes. Queríamos idéias novas e elegantes, nada da desgastada decoração padrão de boates.

Jacob descobriu Bill Pahlmann, na época o rei dos decoradores de interiores, e lhe ofereceu o trabalho. Foi consenso que Pahlmann realizou um trabalho excelente. As paredes eram telas de malhas delicadamente tecidas em rosa, prata e ouro, especialmente criadas para nós por uma velha senhora em um loft da Terceira Avenida. O tapete, em vez do vermelho de boate, era cinza pardo. O esquema de cores era sutil e provocante, disseram os críticos, chegando até as jaquetas dos garçons e o uniforme do porteiro. Uma coisa eu sei: passei um apuro danado para encontrar um porteiro que aceitasse usar o maldito uniforme projetado por Jacobi e Pahlmann para evocar o período do Diretório de *La Belle France*.

Certa tarde, Barron Polan, que agenciava Kay Thompson e os Williams Brothers, passou para observar o progresso que Pahlmann e seu pessoal estavam fazendo. Olhou em volta, admirado, e então perguntou: "Mas onde está o palco? Onde vocês vão colocar o show?".

"Na pista de dança, claro", disse Jacobi.

"Você quer dizer que vai colocar minha atração em um buraco na pista de dança onde ninguém conseguirá vê-los?", gritou ele.

Polan era um homem mercurial. Durante cinco minutos ele esbravejou sobre a qualidade de Kay e dos Williams Brothers. Era um show que tinha de ser visto e também ouvido; um show que precisava de visibilidade, elevação, apresentação. Ele não permitiria que eles se apresentassem, com ou sem contrato, se não garantíssemos um palco. Na pista de dança eles ficariam perdidos, desperdiçados.

Dissemos a Pahlmann que parasse tudo até que resolvêssemos esse problema complicado. Pahlmann o resolveu da maneira mais engenhosa por 5 mil dólares. Construiu um palco, com quase meio metro de altura, no tamanho e forma da pista de dança e o cabeou de tal forma que, ao apertar um botão, o palco se moveria e repousaria sobre a pista de dança e, apertando outro botão, ele se ergueria em sua lateral bem junto à pista de dança. Barron Polan ficou satisfeito.

Assim, lá ficou o palco, bem junto à pista de dança; não havia nenhum outro lugar para ele, silencioso e aguardando até a noite quando seria convocado para Kay Thompson e os Williams Brothers se apresentarem.

O problema era que não se poderia acomodar ninguém onde o palco estava. Ele estava ocupando alguns de nossos melhores assentos de primeira fila. As pessoas que poderiam sentar ali estavam lá fora tentando entrar. E isso não colocava dinheiro na caixa registradora.

Por isso, Jacobi pediu a Pahlmann que construísse e projetasse um pequeno bar envolto em vidro para espera e refúgio, onde um casal que tivesse chegado durante o show poderia tomar um drinque e aguardar o próximo show. Uma boa idéia, mas simplesmente não funcionou. Aquele barzinho ficou vazio durante os nove meses depois da inauguração, com exceção do barman, e consumiu 25 assentos de nossa capacidade.

"Eu vim para ver o show, não para esperar", era o veredito de clientes desgostosos.

Na tarde da noite de inauguração, quando começamos a preparar o salão, colocando as mesas e cadeiras no lugar, descobrimos que tínhamos muitas mesas e cadeiras de sobra. Paramos tudo para que pudéssemos fazer uma conta cuidadosa de nossa capacidade. Toda recontagem chegava ao mesmo resultado: 212 lugares, nem mais, nem menos, mas não os 300 que pensamos que o lugar comportaria. Jacobi e eu ficamos atordoados. "Que diabo Pahlmann aprontou conosco?"

"Você não consegue entrar", era a notícia que corria entre as pessoas nessas primeiras semanas. Isso não as impedia de tentar, tal havia sido a força que Winchell dera a Kay e Andy.

Arturo, o chefe dos garçons, era alvo de um cerco, súplicas e ameaças. As gorjetas que ele acumulava eram ultrajantes. Cada assento na casa era pago em dobro por pessoas que se consideravam afortunadas por conseguir entrar. Um ano depois, Arturo abriu uma boate própria na Segunda Avenida com o dinheiro que lhe foi passado toda noite durante a temporada de dez semanas de Kay e Andy. Algumas pessoas não conseguiam passar pelo congestionamento na porta. Algumas eram insultadas, outras se sentiam insultadas, outras jamais nos perdoaram. Louis Sobol, o colunista do *Journal American*, ficou dez anos sem falar comigo.

Dez semanas não são uma eternidade. Kay, Andy e seus irmãos tiveram que partir para outros compromissos que Barron Polan agendara para eles. Colocamos três atrações em seu lugar para cobrir a vaga na programação: Les Compagnons des Chansons, oito garotos de Paris; Mata & Hari, um casal de irmãos dançarinos notáveis por suas prodigiosas piruetas; e Abe Burrows, que executava canções cômicas ao piano, sua primeira experiência profissional em Nova York. Achei que era um grande show, mas não era Kay Thompson e os Williams Brothers.

Chegava um táxi, o porteiro abria a porta, um rosto se inclinava para fora. "É aquela mulher, Kay não-sei-de-quê, e os irmãos dela que estão aqui esta noite?" Quando era dada uma resposta negativa, a porta do táxi batia e eles iam embora.

Tomamos atrações emprestadas do Blue Angel. Mas nem Pearl Bailey conseguia animar a platéia mingüante. A casa era grande demais (não era; só parecia), o teto era alto demais. Pearl se sentia distante, em campo abandonado, naquele enorme palco retangular que Pahlmann construíra. Toda atração que experimentávamos parecia decepcionante. Vivienne Segal, que acabara de encerrar uma temporada de *Pal Joey* com Gene Kelly; Muriel Smith, a Carmen em *Carmen Jones*, a coqueluche da Broadway no ano anterior – nada parecia dar certo no Directoire, nada exceto Kay Thompson e os Williams Brothers. A casa era sob medida para eles. Nada mais se ajustava.

Le Directoire estava em dificuldades: as mesas vazias se evidenciavam como lembretes acusadores de algo que saíra errado.

Uma noite decidimos fechar a casa e devolvê-la a Barney.

O palco que Pahlmann construíra alcançou 100 dólares no leilão.

LENNY E EU

Há dez anos, quando as matérias sobre Lenny Bruce estavam em voga, pesquisadores, jornalistas e redatores freelancers munidos de gravadores chegavam para me fazer perguntas sobre Lenny. O que aconteceu com ele no Blue Angel e no Village Vanguard? Não guardei nenhum segredo deles, mas imagino que não tenham feito as perguntas certas porque muito do que aconteceu com ele no Angel e no Vanguard não está nos artigos, livros e peças que escreveram a seu respeito.

Em 1960 ou 1961, Lenny havia encerrado sua temporada em The Den, um espaço no porão próximo à caldeiraria de um hotel de segunda categoria na Avenida Madison de Baixo, e veio me procurar. Fiz a ele uma oferta: duas semanas no Blue Angel.

Jacobi e eu estávamos procurando atrações que fossem diferentes e Lenny Bruce era diferente – o cômico mais engraçado, mais irado, mais escatológico, mais ultrajante do país. "O escroto número um da América", era como Winchell o chamava. Winchell não gostava dele.

"Vem muita gente careta à sua casa", disse Lenny logo de saída. "O que eu preciso é de um espaço meu em Nova York onde o meu tipo de gente possa vir me ver – eu sozinho."

Mas seus amigos, conselheiros e empresários tinham outras idéias: segundo eles, Lenny já havia se apresentado demais em mocós, banheiros, bordéis, espeluncas gays e espeluncas mafiosas. Estava na hora de ele entrar em um espaço inteligente, elegante e prestigioso como o Blue Angel.

Depois que ele estreou, descobrimos que grande parte da clientela do Blue Angel nunca tinha ouvido falar dele. Vinham ao Blue Angel "pelo show", porque "o show sempre é bom". Era "um lugar para ir". "Lá você pode levar sua esposa." Eles não vinham para ver Lenny Bruce.

Assim, quando Lenny começou a "espinafrá-los" com obscenidades escolhidas a dedo, algumas pessoas ficavam paralisadas. Nunca tinham ouvido tais palavras em uma boate. Por isso, levantavam, pagavam as contas e saíam.

"Quem é esse boca-suja?", perguntavam à porta.

Lenny sentia a corrente fria da desaprovação da platéia. Ele não tolerava ser rejeitado. "Caretópolis" ["Squaresville"] foi como ele chamou o Blue Angel. Ele odiou a decoração. Ficou feliz quando suas duas semanas terminaram e ele pôde voltar para Hollywood.

Uma semana depois recebi um telegrama de três páginas de Lenny. "Esqueça o Blue Angel", dizia o telegrama. "Eu quero o Village Vanguard de Nova York, o meu lugar, onde meu tipo de gente virá me ver. Arranje um trio de jazz – isso é tudo o que você precisa – eu e um trio de jazz." Ele queria 3.500 dólares por semana. "Trabalharei sete noites por semana, dois shows por noite, três shows às sextas e sábados. Para que preciso de uma noite de folga? Reserve um quarto para mim no Marlton na rua 8. Peça-lhes que o pintem de azul escuro. E conserte seu maldito camarim. Eu pago o carpinteiro."

Duas semanas depois, Lenny estreou. Ficou seis semanas no Vanguard.

Ele tinha razão. Ele lotou a casa todas as noites com seu tipo de gente: garotos da faculdade, prostitutas, gays, gente chique, a sociedade do Harlem, o público da Broadway e de Hollywood. Ninguém saía em suas apresentações.

Toda noite, ao final de seu primeiro show, ele se recolhia para a cozinha seguido por uma multidão de fãs, agentes, empresários, apro-

LENNY BRUCE

veitadores, promotores de gravadoras, *ghost writers*. Ali ele realizava reuniões. O camarim de Lenny nunca era grande o bastante para comportar todos que queriam falar com ele.

Eu nunca consegui me aproximar dele. Além disso, eu precisava ficar de olho na casa. Com o tipo de gente que ele estava atraindo, era preciso ficar de olho em tudo. Nas seis semanas de sua temporada, nunca tive uma chance de me sentar com Lenny, a sós, em uma mesa; nunca tive a menor chance de conversar com ele. Até hoje lamento isso.

Meu sobrinho Barry, que fazia as vezes de gerente e caixa do Vanguard, conseguiu conhecê-lo melhor. Barry achava que Lenny não só era o maior cômico solo do país, mas também um profundo pensador, filósofo social e político, e um grande sujeito. Ele sentia orgulho por Lenny ter ficado amigo dele. Lenny ligava para Barry às oito da manhã, acordava-o. Normalmente teria passado a noite toda acordado. "Desça e tome uma xícara de café comigo. Eu estou naquela delicatessen vinte e quatro horas na Segunda Avenida com rua 6." Barry deixava sua mulher na cama, vestia-se, caminhava até a Segunda Avenida, sentava-se e conversava com Lenny durante uma hora.

"Sobre o que vocês conversaram", perguntei um dia a Barry.

"Sobre tudo. A mãe dele, sua esposa Honey, seu filho."

"Ele estava alto? Estava bêbado?"

"Você sabe que ele nunca bebe nada. Aquele Lenny vê tudo", disse Barry. "Ele acha que seus garçons não estão soltando muita bebida."

"Ele tem razão", concordei.

"Depois ele falou sobre você. Por que diabo você está tão nervoso? Andando para lá e para cá como se estivesse maluco."

"Claro que estou nervoso", disse eu. "Estou preocupado com os tiras na casa. Não quero ver a boate invadida pela polícia. É por isso que estou nervoso."

"Eu disse isso a ele."

"E o que ele disse?"

"Diga a Max que esqueça. Havia dois tiras na boate gravando o show ontem à noite."

"Ele disse isso? Você está brincando!"

"Lenny consegue farejar tiras. Eles entram aos pares e se parecem com Mike, 'aquele barman polonês patife de Canarsie que rouba Max toda noite'. Foi assim que ele disse."

"Como é que ele sabe que Mike mora em Canarsie?", perguntei. "E o que mais ele disse?"

"Ele disse: 'Max nunca veio falar comigo – nem uma vez – para me dizer: Lenny, o show é genial, e você é genial! Nem uma vez. Ele não me curte'".

"E eu tenho que curtir todos os shows? Por que ele provoca os tiras quando sabe que eles estão na casa gravando seu show? Pergunte isso a ele. Ele precisa parabenizá-los por seus belos traseiros quando estão vestidos como moças de pantalonas, desfilando pela Times Square como iscas para apanhar estupradores e cafetões? Por que ele faz isso? Pergunte a ele."

"Isso provoca risos."

"Um número que não me impressiona é o do ranho. Dez minutos no tema do ranho. Pensei em pedir a ele que o tirasse, mas por outro lado achei melhor manter a boca fechada. Ele não faria isso mesmo. Não, ele tem razão, não são todos os números dele que eu curto. Aquele, por exemplo, em que um judeu quebra um *mezuza* [pergaminho] e dentro encontra um pedaço de papel que diz: 'Made in Japan – *Gevult*!' O que há de tão engraçado nisso?"

"Provoca risadas."

"Outro judeu abre outro *mezuza*. Este encontra um baseado escondido ali dentro. O que há de tão engraçado?"

"Provoca risadas."

"Aí ele parodia os rabinos, os rabinos moderninhos e seus sermões, seus sotaques britânicos entrecortados nas sinagogas dos ricos. De repente o rabino se esquece e volta a sua *shtetl* de origem. '*Danksalot*'. Qual é a graça?"

"Lenny não é anti-semita", protestou Barry. "Ele é judeu."

"Alguns clientes antigos me dizem que não curtem os seus iídichismos. Sabia? São pessoas que nasceram na rua Hester, ganharam dinheiro, mudaram-se para o Great Neck, aprenderam a jogar golfe e tênis como os *goyim*, e estão se mudando de volta à cidade agora que seus filhos cresceram. Eles não acham engraçado o lance dele com os judeus."

"Os filhos delas gostam dele", disse Barry. "Lenny está à frente de seu tempo."

"Com certeza ele está à frente do tempo dele. Ele falava 'filho-da-puta' quando você ainda estava na escola secundária. 'Merda', 'caralho', 'pica' – para que ele precisa de todo esse material chulo?"

"Palavras usadas corretamente podem ser abrasivas, curativas, podem chacoalhar as pessoas, fazê-las pensar. Entende o que eu quero dizer?" (Barry estava fazendo cursos na New School for Social Research e falava com conhecimento de causa.)

"Eu só não quero ver um tira entrando e arrancando minha licença da parede. E também não gosto da coisa dele com os católicos. Lembre-se, os tiras são católicos. Aquele quadro, por exemplo, em que Oral Roberts faz um interurbano para o Papa. 'Alô, Joãozinho! Qual é o babado, garoto? Como vai a patroa? Não esquenta, ninguém aqui sabe que você é judeu.' Como se sente um tira que é católico ao ouvir esse tipo de coisa em uma boate?"

"Lenny não é contra a religião", respondeu Barry.

"Como esses tiras podem saber que Lenny não é contra a religião?"

"Às vezes eu me pergunto por que você contratou Lenny."

"Ele lota a casa, seu bobo."

Em 1961, Lenny Bruce era dinheiro em caixa e não encontrava dificuldade nenhuma para ser contratado por boates e salas de concerto de toda parte. Os agentes e promotores de eventos ficavam contentes por consegui-lo. Eu o trouxe de volta ao Village Vanguard por duas semanas e ele lotou o lugar todas as noites tal como fez da primeira vez.

Aí, comecei a ler matérias a seu respeito. Ele estava sendo preso em boates de todo o país: a Alhambra em Los Angeles, a Jazz Workshop em San Francisco, a Gate of Horn em Chicago. Ora por obscenidade, ora por drogas. Ele estreou em um lugar em Londres chamado The Establishment. O governo britânico barrou seu retorno às Ilhas Britânicas. Em Sidney, Austrália, os jornais locais o escorraçaram do país depois de seu primeiro show noturno, quando disse à platéia: "Eu vou mijar em vocês".

Depois, fiquei sabendo que ele estava de volta a Hollywood. As pessoas que o viam traziam casos sobre a gravidade de sua doença, diziam que ele estava sem dinheiro e não conseguia arrumar trabalho. As boates tinham medo de contratá-lo.

Era 1964. Vi um artigo dizendo que Lenny estava prestes a estrear em uma nova boate na rua Bleecker no Village: Cafe Au Go Go. Assisti a seu show de estréia. Ele parecia mais gordo, havia cultivado uma barba, parecia nervoso e mais frenético do que quando esteve no Vanguard. Ele passou quarenta minutos falando sobre suas prisões, o depoimento dos tiras, os juízes, os promotores, seus próprios advogados, dos quais ele passou a desconfiar. De agora em diante, ele seria seu próprio advogado, disse ele.

Quando se punha a falar de si mesmo, ele conseguia as risadas que sempre conseguiu, mas não parava por aí. Voltava a falar sobre suas prisões, suas dívidas, o quanto estava duro e que estava prestes a perder sua casa em Hollywood. Ele não conseguia parar de falar sobre isso tudo.

Senti vontade de ir até ele e dizer: “Lenny, esqueça. Não deixe que eles façam isso com você. Não deixe que eles o quebrem. Fique com seu material. Faça o que sabe fazer. Você é um comediante – um grande comediante”. Mas Lenny não era um cara a quem se podia dizer qualquer coisa.

Três dias depois, li que os policiais haviam entrado no Cafe Au Go Go e o haviam prendido por uma apresentação obscena. Jamais imaginei que ele seria preso em Nova York.

Como foi que ele nunca foi preso no Vanguard? Freqüentemente me faço essa pergunta. Acho que eu tive sorte.

CONHEÇA JOE GLASER, AGENTE

Joe Glaser era o agente mais obsceno, ultrajante e durão de quem já contratei uma atração. Adquiri o hábito de visitá-lo para conversar, saber o que estava acontecendo.

"Max", começou ele numa dessas visitas, "eu tenho uma garota para você. Ela já é uma estrela. Você pode fazer dela uma verdadeira estrela. Mas vou avisando, não vou trazê-la para um de seus malditos testes à tarde. Eu já estive em um de seus testes. Uma vez chega. Você recusou Anita O'Day, lembra? Ah, sim, você recusou. É verdade que você usou Anita depois. Fiquei sabendo de tudo. Mas você levou um ano para decidir.

"Escute, essa garota já tem rodado por muitas salinhas por aí durante anos e nada está acontecendo. Ela precisa de um espaço como o seu, onde ela possa soltar seu talento. Está me entendendo? Devidamente apresentada, essa garota vai lhe trazer uma fortuna. Escute o que estou dizendo."

Ele acionou seu interfone e gritou no máximo de sua voz: "Bert! Estou com Max Gordon aqui. Traga-me os dois últimos discos de Dinah".

"Vou lhe dizer o que vou fazer", começou Joe, e a essa altura Bert já havia trazido os dois discos e os estava entregando a Joe. "Você conhece Max, Bert?" Trocamos um aceno de cabeça. Joe me deu os discos e dei uma olhada nas capas. *Dinah Washington Sings the Blues.* "Pode levar, Max. São seus. Bert, sente-se um pouco. Quero que você ouça o que estou dizendo a Max. "Max", disse-me ele, retumbante, "Dinah Washington vai lhe trazer uma fortuna! Estou certo, Bert?" Bert acenou com a cabeça num consentimento mudo.

"Leve esses discos até sua casa e escute-os. Eu quero seu espaço para ela. E não me importo com o dinheiro! Bert, o que você conseguiu para Dinah naquela birosca em Detroit? Mil e quinhentos por uma semana? É isso mesmo, Bert?" Bert assentiu de novo com a cabeça. "Mas eu não estou lhe pedindo esse tipo de dinheiro. Escute esses discos e eu ligo para você daqui a dois dias." Joe não perdia tempo.

Nos anos 1920, Joe começara agenciando lutadores peso-pesado em Chicago, e jamais perdeu os modos e o estilo daqueles tempos de Chicago, mesmo depois que passou a agenciar Louis Armstrong e se mudou para Nova York, onde montou uma agência de talentos independente com filiais por toda a América e na Europa. Ele ainda agenciava alguns lutadores: programou Sugar Ray Robinson como dançarino. Joe era durão, mas sempre nos demos bem. Ele quase sempre se mostrava mais certo do que errado, e no final aprendi a gostar dele.

Uma vez ele me emprestou 10 mil quando eu estava extremamente necessitado desse dinheiro. "Nada de juros, Max. Devolva-me quando você tiver." Joe era assim.

Joe estava sempre embarcando num vôo para visitar sua mãe doente em Miami, e uma vez perguntei a Bert: "Joe tem uma esposa?".

"Ele tinha uma esposa... em Cleveland", disse Bert.

Num mês de julho fui com Joe ao Newport Jazz Festival em seu Cadillac com ar-condicionado. Éramos seis no restaurante do hotel para o jantar, convidados de Joe. Você tinha de ser convidado dele. Joe não aceitaria que fosse de outra forma. Ele sondou o ambiente, consultou o cardápio e chamou a garçonete. Olhando-a nos olhos, ele disse com seu vozeirão: "Mocinha, cuide bem de mim, que eu cuidarei bem de você". Joe gostava de deixar as coisas entendidas logo de saída.

Vi Joe em seu escritório cerca de um mês depois que Dinah Washington estreou no Vanguard e eu havia escolhido a segunda opção de duas semanas. Quando me viu através de sua porta aberta, gritou meu nome e me ordenou que entrasse.

"Eu quero falar com você", gritou ele. "Eu não falei, eu não falei que ela faria isso por você, Max? Você me escuta. Aquela Dinah! Ela é demais! Ela está lotando a casa? Eu sei, não precisa me dizer. Vocês, donos de boate, jamais me darão uma resposta direta."

Ele ligou seu interfone e gritou nele para que sua voz ecoasse por todo o andar. "Bert! Venha um pouco aqui!"

Bert entrou humildemente e se sentou como lhe foi ordenado.

"Eu quero que Max escute o que está rolando, o que está acontecendo. Eu quero que você conte a ele o que aquela gordona que dirige aquele pardieiro lá em Miami, o que ela me ofereceu por Dinah depois que ficou sabendo que Dinah está lotando o Vanguard. 2.500 dólares! É isso mesmo, Bert?"

Bert, obediente, fez que sim com a cabeça.

"Juro para você sobre o leito de morte de minha mãe que estou lhe contando a verdade. Você ficou com ela por mil. Mas eu quero que ela fique na sua espelunca. Eu lhe disse que lhe daria todas as opções, você sabe. E eu falava sério. Eu quero Dinah em Nova York. Quero que os críticos a ouçam novamente. Quero revigorar a carreira dela. Quero conseguir para ela um contrato para um novo disco. Estou certo, Bert? Vou aceitar menos dinheiro agora para receber mais dinheiro depois.

"Bert, vá pedir a Izzy dois cafés."

Bert deu o fora dali. Joe atendeu uns seis telefonemas que aguardavam por ele. Izzy entrou carregando uma sacola de papel; era um homem franzino, sessentão, cabelo cinza metálico, que eu normalmente via sentado no corredor quando visitava Joe. Ele mantinha dois ou três desses velhotes por perto, aposentados do *show biz* que ele conhecia dos velhos tempos e que mantinha em sua folha de pagamento para realizar pequenas tarefas.

Enquanto Joe pelejava com o café e o pastel de frutas que Izzy depositara diante dele, imaginei que era uma boa hora para eu lhe contar o motivo de minha visita. Tinha acontecido uma semana antes, no primeiro show depois que Dinah foi apresentada. Ela saiu do camarim para o refletor e à medida que os aplausos se reduziam e ela es-

DINAH WASHINGTON

tava prestes a entrar em seu número de abertura, notei que ela estava usando uma peruca loira. Não consegui acreditar – uma peruca loira de aspecto estúpido. Ninguém riu, mas isso se devia apenas ao bom gosto inato da platéia do Village Vanguard. Contei a Joe que fiquei tão transtornado com essa visão de uma peruca loira na cabeça de Dinah Washington que tive de procurá-lo. E isso não era tudo.

"Uma peruca loira!", gritou Joe.

"Sim, uma peruca loira!", gritei de volta. "Ali está uma negra bonita, grande cantora, uma estrela, e ela aparece – não acreditei nos meus olhos – com uma peruca loira no alto da cabeça."

"Esses *schwarzes* [pretos] são malucos", disse Joe. "Ela arranjou um novo cara; é por isso. Caso contrário, por que ela colocaria uma peruca loira na cabeça? Ela está com um novo cara que está levando o dinheiro dela. Eu vou lhe dar um conselho, Max. Não dê nenhuma atenção. Finja que não vê. Ela vai superar. Eu conheço Dinah.

"Ela vai dispensar o sujeito, seja ele quem for. E a peruca loira vai embora. Conquanto que o show se mantenha, por que vamos nos preocupar? E mais uma coisa, você acha que é falta de dignidade, você acha grotesco. Mas aposto com você que alguns clientes elegantes estão silenciosamente se divertindo com a visão de uma peruca loira em uma dona preta."

Joe gritou ao seu secretário algumas instruções carregadas de obscenidades.

"E isso não é tudo, Joe", continuei quando as coisas se acalmaram. "Dinah pegou uma gripe forte, mas uma gripe tão forte que, nas últimas três noites, ela não conseguiu fazer o show. Aí, não sei, devo exercer minha próxima opção ou não?"

"O que você quer dizer? Você me diz que a casa está lotada e me diz que Dinah não está fazendo seus shows. Se ela não está fazendo, quem está fazendo?"

Contei a Joe os fatos frios, sobre como toda noite Dinah descia ao Village Vanguard vestida em seu traje de noite e com ela vinha outra cantora vestida em outro traje de noite, conduzidas por um sujeito num Cadillac que esperava a noite inteira do lado de fora da boate.

O show continua. Apresentando Dinah Washington! Dinah entra com sua peruca loira, começa o número de abertura e consegue terminá-lo. Em seguida ela apresenta essa garotinha que toma o seu lugar e faz quatro ou cinco números. Depois Dinah volta e juntas as duas agradecem os aplausos e saem.

Joe olhou para mim como se eu pudesse não estar lhe contando a verdade.

"Quem é a cantora? Ela é boa? Ela é bonita?"

"Gloria Lynne. Ela é boa e não tem má aparência. Mas não é Dinah Washington. As pessoas descem para ouvir Dinah Washington. Não para ouvir Gloria Lynne."

"E aí? Você está tendo reclamações?"

"Joe, tenho de admitir que não houve tantas reclamações assim. Mas quanto tempo isso pode durar? Se Dinah não fizer os shows, as pessoas vão descobrir e deixar de aparecer. Minha pergunta é: exerço minha próxima opção com Dinah se Dinah não for ou não puder fazer o show? Ninguém nunca ouviu falar de Gloria Lynne."

"Max! Esta noite vou pessoalmente a sua espelunca para ver o que está acontecendo, embora eu odeie boates. Eu não bebo e toda noite vou para a cama às dez."

Eu sabia que isso era verdade. Joe gostava de ficar em casa em seu apartamento na 55 Oeste, onde morava sozinho, exceto pelos cães premiados que ele exibia no Madison Square Garden. Ele nunca falava muito sobre eles, mas ouvi dizer que ganharam prêmios e ele gostava de chegar em casa cedo para passar algum tempo com eles.

Mas Joe agora era só negócios. "Max, eu preciso descer lá e ver pessoalmente. Me diz de novo o nome da garota. Gloria Lynne?"

Joe acionou seu interfone e gritou: "Bert, nós vamos ao Village Vanguard hoje à noite. Está ouvindo? Tem uma garota lá, Gloria Lynne. Max diz que ela é boa. Talvez você possa contratá-la. Está ouvindo? Max, não faça nada até eu lhe dar notícias".

Neste momento sua secretária entrou para lhe dizer que um homem do Departamento de Estado estava ao telefone.

"Que diabos ele quer?", rosnou Joe enquanto atendia a chamada. "Eles querem mandar Louis para a África, Max", disse ele, desligando.

"Mas se quiserem Louis Armstrong, terão de pagar. Eu não vou mandar Louis a 8 mil quilômetros daqui a troco de banana, nem para o Departamento de Estado." Ele fez uma pausa, depois rugiu para a secretária: "Você mandou aquele cheque para Lucille?". Virando-se para mim, disse: "É a esposa de Louis".

Certa vez ouvi dizer que Joe coletava todos os ganhos de Louis e lhe pagava mil dólares – ou seriam 2 mil – por semana, quer Louis trabalhasse ou não. E, segundo se contava, toda semana ele também pagava pensão às esposas divorciadas de Louis. Lucille, imagino, era sua quinta mulher.

"Max, Louis vendeu um milhão de cópias de 'Mack the Knife'. Acabei de receber os números esta manhã. E ele não queria gravar, não achava que a canção fosse adequada para ele. Eu disse a ele: 'Louis, ela foi feita para você'. Uma coisa boa é que ele me escuta." Ele fez uma breve pausa.

"Agora me escute, Max", gritou ele. "Eu vou até lá hoje à noite. Preciso ver pessoalmente Dinah nessa peruca loira e me livrar desse sujeito com o Cadillac com quem ela anda zoando por aí. Veremos. Não tome nenhuma decisão. Espere até ter notícias minhas".

Vi Joe três meses depois de Dinah encerrar sua temporada no Vanguard. "Não me pergunte o que aconteceu com a peruca loira de Dinah", disse-me ele, meneando a cabeça como se preferisse esquecer aquilo. "Ela se casou com o cara do Cadillac."

SEMPRE FICAR COM UMA PARTE DOS LUCROS

"É como estou lhe dizendo, se você as tivesse contratado no começo, quando chegaram a você, todas essas atrações, artistas desconhecidos, desempregados, ainda verdes, famintos – se você tivesse conseguido uma parte dos lucros logo no começo – aí, quando fossem estrelas, celebridades, hoje você estaria bem de vida, recebendo 10% de seus salários e vivendo como um rei. Entende o que eu digo?"

Era o que meu amigo Jim me dizia. Fazia vinte anos que eu não o via. Ele fez uma fortuna com plásticos. Ele era um freqüentador assíduo quando estudava na Universidade de Nova York e Wally Cox estava trabalhando no Vanguard em 1947. Lembro-me que ele era louco por Wally Cox.

"Olha os nomes que você encontrou, ou foram eles que o encontraram – que importa? Judy Holliday, Harry Belafonte, Comden e Green, Pearl Bailey, Woody Allen, Barbra Streisand, Mike Nichols e Elaine May, Jerry Stiller e Ann Meara. Eu poderia citar outros. Você os transformou em astros! Você os fez famosos! Mas que bem isso lhe trouxe? Você não tinha um parte dos lucros.

"Está certo que você pagava uma ninharia a Wally. Você achava que estava fazendo um ótimo negócio. Quando ele se fez na sua casa e foi para a televisão, quando entrou para o elenco como o Mr. Peepers naquela série que ficou anos no ar, você ficou a ver navios. Por quê? Porque você não o contratou no começo, quando ele ainda era um desconhecido e precisava de você."

Jim sabia como me preocupar.

"Não era tão fácil assim", disse eu a Jim.

Lembro-me da tarde em que Wally entrou no Vanguard. Wally parecia um garoto do colégio – camisa aberta, óculos, como um garoto do coral da igreja da esquina.

Por acaso eu não estava atrás de um comediante? Era o que ele queria saber. Ele ouvira dizer que eu estava procurando um comediante. Por certo que eu estava procurando um comediante. Eu sempre estava procurando um comediante naquele tempo.

"Eu sou comediante", disse ele.

O Vanguard estava vazio, ainda por varrer, as cadeiras sobre as mesas, o cheiro e a fumaça da noite ainda pairando pelos cantos. Pedi ao porteiro que desligasse as duas lâmpadas de serviço de 200 watts e acendesse as luzes da parede. Eu não queria deixar o garoto embaraçado, expô-lo a uma luz brilhante tão no começo do dia, com apenas nós dois ali na casa.

"Suba ali e me mostre o que sabe fazer", disse eu. "Vá com calma, fale, não interprete. Como é o seu nome mesmo?"

"Wally Cox", disse ele.

"E o que você faz?"

"Eu trabalho com prata. Numa loja na rua 4 Oeste."

"Eu quis dizer: que números você faz?"

"Números sobre pessoas que conheço", disse ele. "Meu professor da sexta série, o namorado de minha irmã, meu chefe dos escoteiros, o durão do bairro." E fez alguns.

"O que mais você sabe fazer?"

"Dufo."

"Quem é Dufo?"

"Melhor amigo."

Ele fez Dufo. Depois fez um número sobre uma mulher que entrou na loja de prata onde ele trabalhava para encomendar um anel de casamento para ela. Ela estava vivendo com um sujeito havia dois anos e achava que precisava de um anel de casamento. Era engraçado.

"Tudo bem. O que mais você sabe fazer?"

"Eu faço um número sobre a garota que levei ao baile de formatura do colégio. E de quando arrumei um trabalho de verão no supermercado da esquina. Eu faço uma entrevista com o proprietário e a mulher dele. Eles querem saber se sou honesto o bastante para preencher a vaga de mensageiro. Quer ouvir essa?"

Eu quis, e aquilo me fez rir. Eu queria ouvir mais, mas disse a ele que não queria ficar com ele por muito tempo, que eu já havia exigido dele mais do que o suficiente.

"Sente-se aqui perto, Wally", disse eu, e ele veio. "Que tal vir na próxima terça-feira às nove? Eu lhe pago 60 por semana e vamos ver o que acontece."

Não, não diga nada lá na loja de prataria, disse eu a ele, ainda não. Vejamos o que acontece. Ele prometeu estar lá às nove em ponto na terça-feira. Nenhum agente, nenhum gerente, nenhum contrato assinado. Era a minha palavra de que eu o queria e sua promessa de estar no Vanguard terça-feira à noite.

"Será meu primeiro trabalho em um clube noturno", disse ele.

Ao falar ele acentuou "clube". Isso já vale uma risada, pensei.

"Você já esteve em um clube noturno?"

"Não."

"Cuidado, não vá ficar com sono."

Fiquei sentado por um momento imaginando se as platéias do Vanguard curtiriam Wally Cox. Era um material estranho para uma boate, mas ele me fez rir. Talvez ele fizesse outras pessoas rirem. Da próxima vez que Wally fizer testes em outro lugar, pensei comigo mesmo, aposto que fará um número sobre seu primeiro teste para trabalhar em uma boate e as negociações que se seguiram com o chefe. Aposto que ele tornará isso engraçado. *Foi* engraçado.

"Agora, o que eu deveria ter feito?", perguntei a Jim. "Chamado um advogado e amarrado o garoto? Uma parte dos lucros? Eu nem sabia direito se queria!"

Jim abanou a cabeça, incrédulo.

"Imagino que houve ocasiões em que eu poderia ter assustado um novato que eu estava contratando fazendo-o abrir mão de uma parte de seus futuros ganhos em meu favor – se eu tivesse pensado nisso. Mas muitos artistas chegaram a mim depois de terem assinado com gerentes ou agentes que já estavam ganhando 10, 15, 20% do dinheiro deles. O que eu devia fazer?", perguntei a Jim.

"Imagino que simplesmente eu não era um 10 *porcentnik*."

"Você não só não era um 10 porcentnik, você não era nem *um porcentnik*."

Tentei explicar a Jim que depois de ouvir um número e tentar decidir se gostei ou não e depois me engalfinhar com algum empresário para decidir quanto pagar por aquele número – para mim já era mais que suficiente. Aquilo costumava me exaurir.

"Por exemplo – deixe eu lhe contar sobre um empresário, um tal Jack Rollins", comecei. Quando Jack começou a me vender Harry Belafonte, não parava de me dizer o quanto Harry era bonito. "As mulheres ficam malucas", disse Jack.

E eu disse a Jack: "Existem mil caras bonitos cantando em boates em Nova York e que nem sabem cantar".

Jack ficou sentido. "Eu não estou dizendo que ele é bonito porque não sabe cantar. Ele canta pra cacete."

Harry era bonito, com certeza. No teste ao vivo no Blue Angel ele cantou três números e se curvou ao receber aplausos leves e dispersos. Em grande parte foi essa também minha reação. Um negro bonito cantando três músicas populares – não era bom nem ruim. Não incendiava a platéia. Isso era o fim de Harry Belafonte, pensei. Mas eu não conhecia Jack Rollins.

Um mês depois do teste, recebi um telefonema de Jack. Ele tinha um cantor novo e passaria de táxi para me apanhar. Ele queria que o teste acontecesse no Vanguard, não no Blue Angel. Ele queria que eu ouvisse esse cantor na atmosfera a que esse cantor pertencia.

"O Blue Angel foi um erro, um pesadelo. A culpa foi minha", disse ele.

"Pelo amor de Deus, quem é o cantor e o que o Blue Angel tem a ver com isso?"

"Não fique bravo. É Harry Belafonte."

"Você está louco? Eu ouvi o coitado no mês passado."

"Você não ouviu. Quer dizer, você não o ouviu de verdade. Esqueça que algum dia você o ouviu. Harry não é para o Blue Angel, ele foi feito para o Vanguard."

Eu disse a Jack que não era necessário Harry se vestir para o teste. Jack disse que era. Jack organizou tudo, mandou o porteiro parar de varrer, pediu que eu apagasse as luzes e ligasse o refletor. Ele subiu numa cadeira e enfiou no refletor um pedaço de gelatina de cor âmbar. Pediu-me que me sentasse a uma determinada mesa.

A pianista tomou seu lugar ao piano.

Aí Harry entrou, seguido por três cantores, que se perfilaram atrás dele.

"Para que diabo ele precisa desses caras?", sussurrei para Jack. "Eu estou testando apenas ele – só ele – um cantor, não um coro". Na época eu não sabia que um deles era Brock Peters, mas isso não teria feito diferença.

"Cantores de apoio", explicou Jack. "Para destacar Harry, assim você realmente poderá ouvir como é o som de Harry, avaliar a qualidade dele".

Harry começou seu primeiro número, "Take This Hammer", uma canção de Leadbelly. (Leadbelly costumava cantá-la toda noite no Vanguard.) Então Jack está fazendo desse cara um cantor folk, pensei. Harry não é nenhum Leadbelly, nenhum prisioneiro brandindo um martelo com uma turma de prisioneiros na Geórgia. Mas, mesmo assim, ele me fez ouvir.

Percebi que Jack me observava. Harry anunciou o próximo número, um calipso. O braço esquerdo erguido, a mão direita no umbigo, Belafonte moveu os quadris como se estivesse dançando com alguma dona imaginária.

Eu odeio sotaque caribenho postiço. Eu já tivera o original no Vanguard – os cantores de calipso de Trinidad: [Roaring] Lion, Attila the Hun, King Radio, Macbeth the Great. Que diabo vou fazer com um sotaque caribenho postiço?

No entanto, não era ruim. Também não era bom. Harry estava tomando fôlego para seu próximo número: uma canção de trabalho, uma canção de trabalho da Jamaica, "The Banana Song", homens carregando bananas para um navio. Eu já ouvira aquilo antes. Alguns anos antes, uma garota nativa da Jamaica, Laura Bennett, costumava cantá-la no Vanguard. Ela a compusera. Enquanto cantava, Belafonte estava suando, realmente carregando bananas para aquele navio que ia para "Yankeeland".

"Quer ouvir mais alguma coisa?", perguntou-me Jack ao final do número.

Eu achava que não queria ouvir mais *nada*, mas Jack estava esperando eu dizer algo. Eu não sabia o que dizer, e por isso não disse nada. O silêncio estava pesado. Levantei-me e passei para outra mesa. Jack me seguiu.

Comecei com um comentário sobre a camisa marrom desabotoada de Harry. "Todo mundo sabe que ele tem umbigo."

"As mulheres ficam loucas", respondeu Jack.

"Você o põe para cantar canções folk. Nunca ouvi um cantor folk acompanhado por um piano. Por que você não o ensina a tocar violão?"

"Você quer um violão? Eu tenho um violonista, um grande violonista. Conhece de cor o material de Harry." Jack farejou meu interesse.

"Não sei se o quero com violão ou sem violão. Todo o material dele é roubado. Ele não cantou nem uma canção original."

"Os cantores estão sempre roubando de outros cantores. E daí? Quando Harry as canta, elas se tornam músicas dele."

"O que mais ele faz?"

"Deixe que Harry lhe diga", disse Jack, chamando Belafonte para que se juntasse a nós.

Belafonte parecia mais alto quando chegou mais perto. Trocamos um aperto de mão. Sim, ele estava se sentindo ótimo, ensaiando diariamente, ainda administrando aquela lanchonete de hambúrguer na rua Grove para sustentar a mulher e o filho. Ele citou uma dúzia de canções que vinha ensaiando.

"Ele vai lotar sua casa", continuou sussurrando Jack enquanto Harry ia até o guarda-roupa para se vestir.

"Vou lhe dizer o que farei. Eu darei a ele 200 por semana. Você paga o violonista. Quatro semanas com duas opções de quatro semanas, um aumento de 50 dólares a cada opção que eu exercer, para ser escalado para o Vanguard ou para o Blue Angel, para onde eu quiser levá-lo."

Jack me estendeu a mão. Tínhamos um acordo, apertamo-nos as mãos. Graças a Deus fechamos um acordo. Graças a Deus estava terminado. Acabado.

Belafonte era certo para o Vanguard, como Rollins havia dito, e certo para o Blue Angel. Ainda não gosto de seu umbigo de fora. E outra coisa: quando vejo Harry hoje na boate ou num espetáculo beneficente, ainda fico curioso – ou talvez ciumento seja a palavra – para saber como ele mantém essas calças em cima, sem cinto, sem suspensórios e sem barriga.

Em todo caso, foi assim que contratei Harry Belafonte – é uma maneira de contratar.

"E o que você queria que eu fizesse, que eu começasse tudo de novo?", perguntei a Jim. "Entrar num bate-boca com Jack Rollins em torno de 3%? Além do mais, quando Harry Belafonte se tornasse um astro, ele descartaria Jack Rollins – com contrato ou sem contrato."

Isso sempre estava acontecendo com Jack. Ele trazia um artista para mim e quando o artista ficava famoso, dispensava Jack. Aconteceu assim também com Mike Nichols e Elaine May. Jack havia pago a passagem deles de Chicago para Nova York, os havia testado à tarde no Russian Tea Room enquanto comia estrogonofe, e me ligou.

Dei a Mike e Elaine uma vaga nos testes ao vivo de domingo à noite. A resposta foi tão sensacional que oferecemos a eles um trabalho para começar na noite seguinte. Assim que estrearam, Hollywood e os olheiros da Broadway não perderam tempo. Essa dupla de brilhantes comediantes estava repleta de talento. Eles podiam escrever, atuar, dirigir, trabalhar juntos ou em carreiras solo. Hollywood e a Broadway não sabiam exatamente como usá-los, mas sabiam que os queriam e estavam prontos a assinar contratos e desembolsar dinheiro na hora. Isso era inebriante para uma dupla de garotos que havia poucos meses saíra de Chicago.

Foi Alexander Cohen, produtor da Broadway, que acabou apresentando Nichols e May em concerto e os colocou na Broadway. Jack perdeu Mike e Elaine, e o Blue Angel também. Por que motivo não deixaram Jack continuar a agenciá-los, falar em nome deles com a Broadway e Hollywood, eu não sei. Perguntei a Jack a respeito, sobre se ele sentia alguma amargura e ele me falou: "Quando um artista está infeliz, quando fica amuado, quando se sente frustrado, a melhor coisa a fazer é rasgar o contrato e deixá-lo partir. Eu não lamento. Não tenho tempo para ressentimentos".

"Não admira que Jack não tivesse tempo para ressentimentos", expliquei a Jim. "Ele acabara de acrescentar uma nova atração a seu plantel, pela qual estava apaixonado – Woody Allen. Jack queria que eu o conhecesse."

Quando meu sócio Jacobi e eu descemos a escada para o Blue Angel, vimos um rapaz de óculos e cabelo despenteado sentado a uma mesa. O rapaz se levantou quando Jack nos apresentou. Era baixo e assustado, com um fraco aperto de mão.

"Este é Woody Allen", disse Jack.

Todos nos sentamos. "Este rapaz é escritor", começou Jack. "Ele escreve o material cômico mais brilhante de Nova York. Mas o que ele faz com isso? Ele joga fora. Quer dizer, vende a troco de banana para outros comediantes que estão fazendo uma fortuna com isso – Sid Caesar, por exemplo; Garry Moore; Peter Lind Hayes." Jack se entusiasmava com seu assunto.

"Com isso, ele anda por aí com os dedos do pé saindo dos sapatos enquanto outros ficam ricos com seu material. Eu disse a ele: 'Woody, por que você não se prepara e usa você mesmo esse material? Aí você vai ser rico e não o pé-rapado que você é.'"

Woody ergueu os olhos seriamente diante dessa conversa.

"A única coisa que você precisa é uma vitrine. Você precisa do Blue Angel."

Jacobi e eu não tínhamos tanta certeza. Mas Jack havia trazido Harry Belafonte para nós, além de Mike e Elaine. Talvez ele tivesse razão, mais uma vez.

"O salário não importa", disse Jack. "Pague a ele o que você quiser. Eu quero um lugar onde ele possa ficar por um tempo. Eu darei a você todas as opções que você quiser. Se você perder dinheiro com ele, eu pagarei o salário dele". Embora Jack não estivesse exatamente duro, entendi isso como uma metáfora.

E assim Woody estreou no Blue Angel.

Jack costumava se postar toda noite lá nos fundos, ouvindo o show de Woody. Durante o intervalo, ele acompanhava Woody escada acima até um dos camarins. Ouvi a voz de Jack através da porta. Ele me chamava para somar minha voz à dele.

"Diga a ele, diga a Woody que ele está indo muito bem", implorava Jack. "Ele acha que está horrível. Ele está pronto para desistir. Você está sensacional, está ouvindo? Maravilhoso! Diga a ele."

Woody não estava assim *tão* maravilhoso, um fato que não achei certo trazer à baila naquele momento particular. Woody ainda não havia aprendido a apresentar seu material. Apenas pessoas sofisticadas que estavam cansadas de ser agredidas por comediantes de boate recebiam bem sua personificação do simplório de pouca evidência. Mas ele estava aprendendo. Nós o mantivemos por três meses. Não estávamos pagando a ele nada exorbitante.

"Você viu *Annie Hall*?", perguntei a Jim.

"Vi duas vezes."

"É disso que estou falando. Ele é hoje o mesmo que era naquela época."

"Por isso, como eu estava dizendo", disse Jim, "imagine os milhares, os milhões que os filmes dele estão rendendo hoje. E, depois de todos esses anos, você continua no jazz do Vanguard. Eu penso em todos os shows de canto e comédia que você costumava descobrir e aqui está você ainda apresentando conjuntos de jazz", meditou Jim.

"Qual o problema com conjuntos de jazz?"

"Então, se você estiver ganhando um dólar, tudo bem?"

"Eu estou ganhando um dólar, às vezes até dois."

Quantos Woody Allens existem, e duplas como Mike e Elaine, e cantores como Harry Belafonte? E comediantes como Lenny Bruce? Foi uma coisa boa eu ter passado para o jazz no Vanguard. Admito que era difícil no início dos anos 1960. Os garotos que ouviam música estavam numa orgia de rock 'n' roll. E eu não sabia como me desviar do jazz. Então, no final dos anos 1960 e início dos anos 1970, as coisas começaram a acontecer. Comecei a encontrar músicos de jazz, músicos de jazz principiantes que começavam a fazer sucesso: Chick Corea, Herbie Hancock, Keith Jarrett e outros.

"Os garotos estavam crescendo e tirando diploma do rock 'n' roll. Começaram a ouvir jazz. Os músicos de jazz que haviam emigrado para Paris e Estocolmo nos anos magros, voltavam à terra natal e encontravam públicos à sua espera. O jazz é grande hoje", informei Jim. "Você não ficou sabendo?"

"Todos os homens para os quais você deu trabalho quando ninguém mais os queria deviam se lembrar disso", disse Jim.

"Eles se lembram", disse eu. "Keith Jarrett, o pianista, tocou quatro noites no Vanguard no ano passado a 750 por noite porque eu lhe dei trabalho numa época em que ninguém mais daria. E em janeiro ele me enviou dois ingressos para o seu concerto no Metropolitan Opera House."

"Jazz no Metropolitan Opera House?", perguntou Jim, surpreso. "Sabe de uma coisa, eles deviam tirar uma semana de folga, todos esses músicos, uma semana de folga do Metropolitan Opera House, do Carnegie Hall e do Madison Square Garden, e fazer uma semana de graça para você no Vanguard."

"Jim, eu tenho novidades para você. O jazz não me deve nada. O jazz fez mais por mim do que eu jamais fiz pelo jazz. Ele me manteve no ramo."

SONNY É O MAIOR

Sim, eu sei tudo sobre Sonny Rollins. Ele agora está no topo do sucesso. Não fui ao seu concerto no Carnegie Hall no ano passado. Fiquei surpreso por ele ter ido, por ele não ter saído para algum lugar naquela noite – até a calçada sob a ponte Williamsburg como costumava fazer, carregando consigo seu instrumento – e ficar tocando pela noite, sozinho, e mandar para o inferno a máfia do Carnegie Hall!

Sonny está agora montado na grana. Também sei disso – aquela casa na rua Bleecker, o Gate: uma lavanderia reformada, acomoda 500 pessoas, e paga a ele 1.500 por noite de fim de semana, sempre que conseguem encontrá-lo.

Houve um tempo em que, se você quisesse ouvir Sonny Rollins, tinha de ir ao Village Vanguard. Ele tocava no Vanguard quatro vezes por ano, todos os anos durante dez anos, uma vez como músico de apoio para Miles Davis, mas, na maioria das vezes, com seu próprio quarteto.

Existe uma nítida discordância entre críticos e aficionados do jazz acerca das proezas de interpretação de certos músicos de jazz, mas não quanto a Sonny. Ele é o maior – o maior saxofonista tenor de sua geração. Dexter Gordon, Billy Harper e Johnny Griffin são todos ótimos no sax tenor, mas Sonny é o maior de todos – não há como questionar isso.

Não me perguntem por que nunca mais contratei Sonny para tocar, por que agora já faz anos que ele não toca no Vanguard. Nunca era fácil amarrar uma data certa com Sonny.

Lembro-me de um ano em que não consegui encontrá-lo. Eu tinha o número de seu telefone na rua Willoughby, no Brooklyn, onde ele morava, mas toda vez que ligava para lá, quem atendia era sua esposa ou sua sogra.

Algum dia ele terá que estar em casa, eu pensava. Continuei tentando. Certo dia, às três da madrugada, deixei o telefone tocar por cinco minutos, e não é que ouvi o aparelho sendo atendido? "Sim?!" Era a voz de Sonny. Sonny nunca diz "alô".

"Sonny!", gritei. Eu sempre receava que ele não me ouvisse.

"Como vai?", perguntou ele em tom casual, como se conversasse comigo todo dia. "O que é?"

"Eu estou com uma semana vaga em novembro", continuei a gritar.

"Quem está na boate esta semana?", indagou ele.

Eu lhe contei.

"Eu apareço lá amanhã à noite", disse ele. "Acabei de chegar da Índia." Sonny sempre estava voltando do Japão, da Dinamarca ou da Polônia; dessa vez era da Índia.

Um ano depois ele apareceu no Vanguard – uma noite ele simplesmente entrou. Por certo era Sonny, um homem alto, vigoroso, negro, com um pescoço de touro, vestido em uma túnica branca longa e solta. Sua cabeça grande e redonda estava inteiramente raspada exceto por um contorno de cabelo em forma de cruz no topo. "É algum lance religioso", cochicharam os outros caras quando o viram.

Eu sabia que Sonny era esquisito, mas eu não estava preparado para essa visão de branco vinda da Índia. Ele ficou ali sorrindo, rebatendo cada pergunta com uma voz benigna, cansada. Sonny era sempre assim – só que agora ele estava mais assim.

"Ele esteve tocando seu sax lá numa caverna da Índia – sozinho, cara."

"Quem lhe contou isso?", perguntei a Al Dailey, o pianista favorito de Sonny.

"Ele me contou."

"O que ele estava fazendo lá na Índia?"

"Meditando, cara, meditando."

(A propósito, Al Dailey é o único pianista que Sonny nunca demitiu. Isso é um recorde porque Sonny nunca contratou um músico que não tivesse demitido pelo menos uma vez, e muitas vezes no meio de um show. Certa vez ele demitiu Elvin Jones, provavelmente o maior baterista de jazz.)

Quando sugeri que tomasse um drinque, Sonny declinou com um sorriso. Ele não mexia mais com isso. Sua religião não permitia. E quanto a uma apresentação, no momento ele não estava aceitando fazer nenhuma. Estava consertando os dentes. Deus sabe quanto tempo isso iria levar. Por isso, mais uma vez risquei Sonny de minha lista, esperando melhor sorte da próxima vez.

Cerca de um ano mais tarde, ouvi pela boca-pequena do jazz que Sonny estava no loft de George Richard na rua Greene – ou seria na Prince? – e que ele estava vestido num terno como todos nós, deixando o cabelo crescer e tocando melhor do que nunca. Assim, pensei comigo: "Talvez o sacana esteja pronto para trabalhar. Mas o que ele está fazendo lá no George? Com certeza ele não pode estar ganhando mais dinheiro na espelunca de George Richard do que eu posso lhe pagar".

George apresentava jazz de fim de semana em seu loft no Soho. Luzes cor de laranja, almofadas no chão, o mulherio na paquera, esse tipo de coisa. Músicos de jazz desempregados davam canja ali a troco de banana três ou quatro noites por semana. Que diabos Sonny estava fazendo lá?

Liguei para Al Dailey. Al me garantiu que Sonny não tocaria num pardieiro como a casa de George. "Nós usamos o lugar para ensaiar, à tarde – é só. Sonny quer comer direito depois de todo aquele trabalho que seu dentista fez na boca dele."

"Quem está tocando com ele?", perguntei.

"Um cara branco no trompete, que ele encontrou na Califórnia. Pagou a passagem para ele vir para Nova York. Sonny está maluco com ele. O cara é um lixo." Al não parecia feliz.

SONNY ROLLINS

Mais uma semana se passou. Al chegou e me contou que Sonny falou em ligar para mim – queria voltar à cena. "Ele ainda não ligou para você? Nesse caso, liga pra ele. Aqui está o novo número dele."

Assim, comecei a ligar diariamente para aquele número novo, duas vezes, três vezes por dia, durante um mês – nenhuma resposta!

"Deixa tocar, cara, deixa tocar – você conhece Sonny!", disse Al.

Estávamos no meio da noite e disquei o número novamente. Três minutos, quatro minutos, cinco minutos se passaram; então ouço o sopro barítono de Sonny. "Yah!"

"É Max, Sonny." Estou gritando novamente.

"O que é que há, cara?", pergunta ele como sempre.

"Eu lhe darei 3 mil – eu tinha uma data em abril – uma estréia de terça-feira. Al está aqui. Eu vou fazer os contratos, e ele os levará para você. É pouco mais de três horas agora. Assine – eu vou esperar até Al voltar. Tudo bem? Um quarteto? Um quinteto? Traga o que você quiser."

E foi assim que Sonny estreou numa terça-feira de abril, há quatro anos [1976] – a última vez em que tocou no Vanguard. Naturalmente a casa estava lotada. Era Sonny Rollins! Todo mundo estava esperando para ouvi-lo. Ele estivera longe por muito tempo. Os críticos e suas garotas chegaram, o diretor executivo de uma gravadora e a primeira mulher de Sonny, na maior algazarra. Mas, acima de tudo, quem lotou a casa foi a comunidade do jazz que sentia sua falta, alguns que só o tinham ouvido em discos, nunca ao vivo, e muitos jovens, formandos do rock, que tinham ouvido falar de Sonny e estavam contentes por gastar seu dinheiro para ouvi-lo, porque Sonny era o maior.

As luzes se reduziram. Al Dailey estava ao piano. Beaver Harris, baterista, e o baixista estavam em seus postos. Em seguida, entrou um sujeito loiro abraçado a um trompete – a mais nova descoberta de Sonny, vindo da Califórnia. Então, em lenta sucessão, quatro homens carregando saxofones abriram caminho para o tablado da banda.

"Quantos homens há no quarteto de Sonny?", perguntei.

Sonny é assim. Apanha os músicos pelo caminho, convida-os a entrar com ele. Achei que conhecesse todos os músicos de jazz em atividade na área de Nova York. Reconheci Eddie Daniels e Rocky Boyd, mas os demais eram estranhos para mim.

Finalmente Sonny apareceu, vestido numa túnica branca que ia até o chão (Minha nossa, pensei comigo, Sonny ainda é muçulmano), a cabeça calva, só com aquela cruz de cabelo em cima. A gritaria e aplausos que o saudaram foram qualquer coisa!

Sonny parecia abstraído da multidão. Ele deu o primeiro pulso, formulou o tema em seu instrumento, depois parou para deixar os outros instrumentos assumirem. Os músicos se revezaram em seus solos enquanto Sonny ficou parado, escutando em silêncio, a percussão mantendo uma batida pulsante, insistente.

Agora era a vez de Sonny. Depois de alguns floreios no sax, ele se lançou em um solo grasnante, enlevado.

Os músicos no tablado a princípio ficaram com ele, mas logo recuaram para seus sons fracos, apoiadores. Pareciam atordoados pelo que estava saindo do sax de Sonny, as investidas, as rasantes, as descidas líricas suaves, os rugidos. Ele continuou nisso por uma hora, diferente a cada estribilho. Ele iniciava um número, depois desembocava em outro, em seguida um terceiro e então encontrava o caminho de volta à melodia original – nada repetido, nada trivial. Só o piano de Al Dailey pontuava Sonny com acordes tateantes, experimentais.

Se eu fosse um crítico de jazz como Whitney Balliett, da *New Yorker*, ou como Nat Hentoff ou Gary Giddins, do *Village Voice*, poderia descrever sua execução como ela merecia ser descrita. Só direi uma coisa – ele era maravilhoso e tocava como o Sonny dos velhos tempos.

No intervalo, na cozinha, onde os músicos se reuniam, notei Beaver Harris, suado e exausto, desabado em uma cadeira. "Cara, esse Sonny é demais. Ele é demais", falava ele sem parar. "Ele me mata, cara, ele me mata."

Era o que acontecia com os músicos que tocavam com Sonny. Ele os deixava apavorados. Eles estavam na liga principal jogando com ele. Era um desafio à sua musicalidade, a suas habilidades de improvisação.

O trompetista loiro, parecendo assustado, ficava por ali sem dizer nada.

O intervalo de meia hora havia se encerrado, a segunda parte estava prestes a começar. O ambiente ficou à meia-luz novamente e lá veio o trompetista loiro, ainda assustado; depois o baixista; em seguida Beaver Harris e, finalmente, Al Dailey. Os quatro saxofonistas não apareceram. Imagino que já era o bastante para eles. Provavelmente achavam que o convite de Sonny para que o acompanhassem não se estendia até a segunda parte.

Dez minutos se passaram. Os músicos estavam em seus postos, prontos para começar a segunda parte, esperando por Sonny. Onde estava Sonny? Fui procurá-lo, na cozinha, no banheiro masculino, na calçada lá fora e nos fundos – nada de Sonny. Ele não estava em parte alguma.

"Que diabo aconteceu com Sonny?", sussurrei para Al Dailey ao piano.

"Provavelmente está voltando para a Índia."

"Não tem graça nenhuma, Al. Onde está o desgraçado? Onde diabos ele se meteu?"

E sabem de uma coisa? Sonny não voltou a aparecer para a segunda parte do show. Ele desapareceu. E desde então nunca mais o vi.

Eu estava prestes a fechar por aquela noite. Al estava lá. Ficou comigo até o fim. "O que você acha, Al?", perguntei a ele. "O que realmente aconteceu com Sonny?"

"É aquele trompetista loiro", disse Al. "Como eu lhe disse, ele soava muito bem na Califórnia, mas ficava péssimo em Nova York. Sonny não conseguiria ficar com ele."

"Por que Sonny não o despediu?"

"Sei lá."

"Como um trompetista pode soar muito bem na Califórnia e terrível em Nova York?", perguntei a Al.

"É o astral, cara, o astral!"

"Que astral?"

"Coltrane, Miles, Coleman Hawkins, Bill Evans, Mingus e o próprio Sonny, caras que tocaram aqui e deixaram seu astral aqui, cara! Entende o que eu quero dizer? O astral! É disso que estou falando. Aquele cara loiro não fazia parte desta companhia. O astral daqui o deixou apavorado!"

"Al", disse eu, "se você tiver notícias de Sonny, diga a ele que se ele pode tocar seu sax numa caverna na Índia, *sozinho*, ele pode tocar seu sax aqui no Vanguard, *sozinho*. Diga a ele que eu pago a ele o mesmo que pago para o quarteto."

Entendo por que Sonny agora pluga uma geringonça eletrônica em seu sax – um captador que dará a seu sax um som mais alto para que ele possa se ouvir acima dos instrumentos eletrificados com que ele agora gosta de se rodear.

Sonny não precisa disso; ele não precisa de nenhuma geringonça. Ele não precisa de nenhuma eletricidade, não Sonny. Ele só precisa de seu sax. Basta que ele fique lá em cima e o despeje. Anotem o que estou dizendo: Sonny vai jogar fora aquela geringonça. Porque Sonny é o maior.

Depois daquela noite, nunca mais vi Sonny. Ainda lhe devo o pagamento da noite.

MILES - UM RETRATO

O que você faz numa noite de sábado quando a casa está lotada e a estrela de seu show sai do palco na metade de uma seqüência musical porque sua namorada está bêbada em alguma espelunca de Uptown e telefonando para ele ir buscá-la? De todos os homens de jazz que trabalharam no Vanguard, Miles Davis foi o mais duro de lidar.

Miles sempre gostava de receber mil dólares adiantados antes de estrear. Se eu não tivesse o dinheiro, ele poderia estrear, mas depois da primeira parte de uma noite de estréia, ele viria a mim e, varrendo a multidão com o olhar, sussurraria: "Não esqueça dos mil se você quiser que eu venha amanhã à noite". A voz de Miles não se parece com nenhuma outra voz que já ouvi. Um sussurro alto em meio a névoa e bruma que mal dá para ser ouvido. Você consegue ouvir depois que se acostuma. E eu estava acostumado.

"E tire aquela porra de spot de cima de meus olhos. Ou desligue essa merda de uma vez. Eu trabalharei no escuro, se é assim que você vai operar sua casa."

Mas, que diabo, ele era dinheiro em caixa.

Miles pertence à escola *cool* do jazz. Ele a inventou. Você vai e toca o que você vai tocar. Se a platéia gostar, tudo bem; se não gostar, amém. Claro que você espera que as pessoas fiquem quietas e escutem, mas se não ficarem, não ficam. Você toca assim mesmo, com silêncio ou sem silêncio.

Miles nunca pede a uma platéia que fique quieta, como já ouvi alguns músicos de jazz fazerem. Na realidade ele nunca fala com a platéia, nunca lhe dirige uma palavra. Uma vez perguntei a ele: "Por que não anunciar um número? Por que não se curvar ao final de um número? Por que não anunciar os nomes dos músicos de sua banda, para que saibam que você é Miles Davis? Eles não o conhecem, alguns nunca o viram antes".

Ele olhou para mim com um olhar intrigado, desconfiado, como se eu estivesse maluco. "Eu sou músico, não sou comediante. Eu não vou falar feito uma matraca como Rahsaan Roland Kirk. Não me entenda mal, eu gosto de Rahsaan. Se você quiser um falastrão em sua casa, não me contrate. Eu não sorrio, eu não me curvo agradecendo. Eu dou as costas. Por que você escuta as pessoas? O branco sempre quer que você sorria, sempre quer que o negro se curve. Eu não sorrio e não me curvo. Está bem? Estou aqui para tocar música. Eu sou músico."

Depois de um discurso desses, percebi que devia deixar Miles em paz, e foi o que fiz, exceto por uma vez, quando lhe pedi que tocasse para uma cantora que freqüentava as matinês de domingo do Vanguard. Foi no final dos anos 1950.

"Ela é sensacional", disse-lhe eu. "Eu a ouvi em um show beneficente."

"Eu não faço fundo para nenhuma cantora. Peça a Herbie (Herbie Hancock, o pianista do sexteto de Miles); se ele quiser tocar para ela, para mim tudo bem."

Quando Miles ouviu os três números que ela fez – e os aplausos – , ele disse: "Qual é o nome dela? Apresente-a, se você quiser, mas contrate um trio para tocar para ela. Eu não vou acompanhar nenhuma dona".

A cantora era Barbra Streisand. Mais tarde eu a coloquei no Blue Angel.

O Vanguard não faz mais matinês de jazz aos domingos. Miles não se importava de tocar nessas matinês, mas alguns músicos odiavam fazê-lo. Achavam que tocar seis noites seguidas em uma semana era

MILES DAVIS

o bastante. A respeito disso, Thelonious Monk me disse o seguinte: "Cara, eu é que não vou trabalhar sete noites por semana – eu não".

Quando me perguntam por que o Vanguard não faz mais matinês de domingo, eu respondo: Pergunte a Thelonious Monk.

As matinês de jazz de domingo foram ótimas enquanto duraram. O mais importante é que elas traziam de tarde os garotos que futuramente cresceriam para se tornar rematados clientes do Vanguard à noite.

Quando Gary Giddins, o crítico de jazz, tinha 15 anos, gastava a mesada de dois dólares que seu pai lhe dava para ir ao Vanguard ouvir Miles Davis no domingo à tarde. Ele chegava cedo, pegava uma cadeira de frente. Miles era um de seus heróis do jazz. Um domingo, Miles, saindo do palco no final da primeira parte do show, parou para apagar seu cigarro no cinzeiro da mesa de Gary. "Aqui, guarde isso", disse ele a Gary. "Algum dia isso vai valer algum dinheiro."

Miles não adulava suas platéias, nem seu patrão. "Você fala: 'Cara, isto, cara, aquilo!', rosnou ele uma vez para mim. "Não fale comigo como um negro. Você é branco, não se esqueça disto."

Eu estava em sua casa na rua 77 Oeste. Miles, alinhado, imaculado, em um terno sob medida, óculos escuros, me perguntou: "Você foi ver meu alfaiate, como eu lhe disse?".

"Quem pode pagar 300 paus por um terno?"

"Você é muquirana pra cacete."

"Se eu estivesse ganhando o dinheiro que estou lhe pagando, eu compraria um para mim." Eu estava lhe pagando 3.500 por semana.

Miles gostava de fazer hora em sua cozinha toda elétrica depois de tocar a noite inteira. Era o momento em que ele ficava mais faminto – às cinco da manhã. Uma vez ele fritou um filé mignon de uns 8 centímetros de espessura, pôs um segundo para fritar para mim sem ao menos me perguntar se eu queria, ou se conseguiria comê-lo. Estávamos em sua sala de estar e eu o estava observando engolir o filé regado a uma garrafa de cerveja, quando uma garota loira com quem eu o tinha visto no Vanguard na noite anterior chegou descendo sonolenta a escada que vinha dos quartos, despertada pelos barulhos que ele estava fazendo na cozinha. Ela se sentou em uma cadeira, bocejando, sem dizer nada.

Miles mal deu notícia de sua presença.

"Você gostou dela?", murmurou ele para mim. "Vá lá para cima com ela se você não vai comer."

"Miles, você é um sacana."

"O quê? Você não gostou dela?"

Ele me convidou para ver as mudanças e melhorias feitas em sua casa desde a última vez em que estive lá. Levou-me até o banheiro para demonstrar a banheira descomunal, quadrada, de hidromassagem.

"Experimente", disse ele. "Tome um banho em uma banheira de verdade."

"Quando você vai tocar no Vanguard?", perguntei certa vez a Miles quando fazia um ano que ele não se apresentava lá. "Tenho uma semana vaga em maio."

"Amanhã à noite", disse ele. Miles acreditava em respostas diretas, rápidas.

"Quanto?", perguntei.

"Seis mil", disse ele.

"Você sabe que o Vanguard não pode pagar tanto assim", respondi.

"Arranje um lugar maior. Eu não gosto mesmo de boates. Eu não quero mais trabalhar em boate."

(Esse é o jeito de Miles de se recusar a fazer um show – pedir uma quantia absurda.)

"Qual o problema com boates? Você trabalhou nelas durante toda a sua vida."

"Elas são nojentas! Em uma única noite numa faculdade eu ganho mais do que você me paga por uma semana. E não tenho de ficar agüentando aquela merda toda!"

"Do que é que você está falando?" Eu sabia do que ele estava falando: os músicos desempregados e ex-músicos, os entendidos; os resenhistas, colunistas e vendedores promovendo fitas de jazz fajutas; os redatores de capas de discos; os colecionadores de discos; os pesos-pesados do Harlem; os universitários com gravadores de fita cassete; as fofocas, os delinqüentes e penetras que se juntam em salas onde se toca jazz.

"Você sabe o que eu quero dizer, Maaax."

É como Miles pronuncia meu nome quando quer enfatizar uma coisa.

"Eu não suporto essa porra toda. Os caras chegando, o papo furado, os intervalos. Odeio intervalos. E você parecendo aporrinhado porque não estou lá no palco. E as pessoas! 'Toca 'Bye, Bye Blackbird!' Merda! Eu agora não bebo. Eu malho 4 horas por dia na academia Stillman. Antes eu tinha de descer lá toda noite. Descer à sua *plantation*. Agora eu vou quando quero. Em um concerto na faculdade eu faço duas partes curtas e pronto. Não tenho que ficar lá, escutar um monte de asneiras!"

"Teve uma semana que eu estava tocando no Birdland. Tínhamos saído para a calçada no intervalo, estávamos por ali cuidando de nossa própria vida. A Broadway estava abarrotada. Uma convenção ou coisa parecida. Um tira se aproxima. Ele diz: 'Andando'."

"Certo. Sou eu. Sou eu que estou bloqueando a droga da calçada. Não saio do lugar. 'Andando!', grita o policial. Não me mexo. Ele tira o cassetete. Não me movo. Levo a cacetada na cabeça. Limpo o sangue de minha cabeça, mas não arredo o pé. Não arredo o pé para droga nenhuma de tira. Não arredo o pé para ninguém."

"É como eu digo, já estou farto de boates. No intervalo durante um concerto na faculdade os garotos vêm me pedir autógrafos. Mais difícil que isso é impossível. Isso eu posso agüentar. Numa boa."

"Como você está se dando com Jack atualmente?", perguntei a Miles. Fazia dez anos que Jack Whittemore era seu agente.

"Estou me livrando dele!", ele disse.

"O que aconteceu? Depois de tantos anos?"

"Eu estava em Paris no ano passado", começou ele. "Precisava de alguns álbuns, uma edição de meu último disco. Os amigos, os críticos, a mulherada, todos queriam um. Por isso, liguei para Jack em Nova York. 'Ligue para a CBS', eu disse a ele, 'e diga para ligarem para Paris e pedirem ao atacadista aqui para entregar uma dúzia de álbuns para mim em meu hotel'. Aí, o que você acha que Jack me disse? 'Quem você pensa que é, Frank Sinatra?'.

"Estou me livrando do sacana. O que o Sinatra tem que eu não tenho?"

No dia seguinte, Jack Whittemore me ligou.

"Miles me ligou, disse que esteve com você ontem. A propósito, como é que Miles está se sentindo esses dias? Faz um mês que não o vejo. Ele disse algo sobre uma semana em maio, que você tinha uma semana vaga em maio. Certo?"

"Certo."

"Ele parecia interessado. Talvez eu possa convencê-lo a aceitar."

"Quanto?", perguntei.

"Quatro mil e quinhentos."

"Eu lhe paguei 3.500 da última vez."

"Miles disse 4.500."

"Três e quinhentos", gritei.

"Faça por 4 mil que eu falo com ele."

"Converse com ele. Converse com o sacana. E feche o negócio, Jack."

"Você fica com ele por 4 mil – tudo bem?", foi a primeira mensagem em minha secretária quando cheguei no dia seguinte.

As noites em que Miles não estava tocando no Vanguard, ele levava sua garota do momento para o Blue Angel e pedia champanhe Piper Heidseick. Uma noite mandei o garçom lhe entregar a conta. Ele rasgou a conta no meio e mandou o garçom de volta com o seguinte recado: "Diga a seu chefe que aqui eu nunca vou pagar a conta. Diga a ele que durante anos ele me pagou pouco no Vanguard. Eu preciso de alguma compensação".

VINTE ANOS COM CHARLIE MINGUS

A última vez que vi Charlie Mingus foi em julho de 1978 no gramado atrás da Casa Branca, onde o presidente Jimmy Carter estava dando uma festa para comemorar o vigésimo quinto aniversário do Newport Jazz Festival. Charlie estava numa cadeira de rodas, havia passado mais de um ano numa cadeira de rodas, sofrendo da mesma doença debilitante que matou Lou Gehrig, o primeira base dos Yankees.

George Wein, o produtor do Newport Jazz Festival, apresentou Charlie como "o maior compositor de jazz vivo no mundo".

Charlie não conseguiu se levantar para agradecer, mas mil pessoas ficaram em pé para ovacioná-lo. Jimmy Carter se dirigiu à sua cadeira de rodas para apertar sua mão. Charlie ficou ali sentado, incapaz de falar, as lágrimas escorrendo-lhe pelo rosto.

Eu me lembro de quando George Wein não contratava Charlie para os festivais de jazz de Newport. George não achava Charlie bom o bastante ou grande o bastante para tocar em seus festivais. Um ano, acho que foi em 1962, Charlie, que julgava sua banda bastante boa e grande, montou seu próprio festival de jazz, um festival rebelde de jazz bem ao lado do de George, em Newport, Rhode Island. Ele conseguiu que Max Roach e muitos outros músicos de jazz, que estavam sentidos com George Wein, se juntassem a ele. Isso deixou George apavorado.

Parado ali no gramado da Casa Branca, fiquei pensando no quanto George Wein ficaria contente se tivesse a banda de Charlie tocando em seu próximo Newport Jazz Festival, se pudesse consegui-lo. Mas Charlie não vai mais tocar em nenhum outro festival de jazz ou em nenhuma boate nem em nenhum outro lugar.

Ele estava lá sentado em sua cadeira de rodas, morrendo. Na verdade não foi muito depois daquele churrasco na Casa Branca que o pobre Charlie morreu.

Um mês depois, Dannie Richmond, o baterista da banda de Charlie, veio me ver, procurando uma apresentação para a velha banda de Charlie, agora sem líder e desempregada.

"Imagino que sou o líder, agora que Charlie se foi", disse Dannie. "Conversei com Charlie quando ele ainda estava vivo e disse a ele que eu estava pretendendo passar um dia aqui para vê-lo. 'Você sabe a música', ele disse, 'você tocou comigo durante 20 anos. E eu sei que os homens da banda precisam trabalhar.'

"Charlie estava morando no quadragésimo terceiro andar de uma torre na Décima Avenida. A enfermeira acendeu um charuto para ele e ele estava dando umas baforadas quando disse a mim: 'Se alguém pode tocar minha música, Dannie, esse alguém é você'.

"'E quanto a eu usar Eddie Gomez no baixo?', perguntei." O baixo era o velho instrumento de Charlie.

"'Eddie é ótimo', ele disse."

"'E vou chamar a banda de Dannie Richmond Plays Charlie Mingus Jazz Workshop Quintet, com Eddie Gomez no baixo. É assim que vou chamar a banda. Está bem assim?'"

"'Tudo bem', disse Charlie. Tudo bem! Ele disse: Tudo bem. O que mais ele poderia dizer?"

"Então, quando é sua primeira data vaga?", perguntou-me Dannie.

Estávamos sentados à minha escrivaninha na cozinha.

"Sem Charlie lá, quem virá ao Vanguard para ouvir a banda?", perguntei a ele.

“Muita gente”, disse Dannie. “A música será a mesma. Os homens na banda serão os mesmos que estavam com Charlie. Com Eddie Gomez no baixo, a música será genial como sempre.”

Talvez, mas quem conhece Dannie Richmond?

Eu disse a Dannie que ele não era nenhum Charlie Mingus. “As pessoas não apareciam só para ouvir Charlie mas para vê-lo em ação. Elas se sentavam e esperavam por um de seus repentes, interrompendo subitamente a música, bem no meio de um número, furioso e bufando com seus músicos por ter ouvido algo de que não gostou. O público ficava fascinado.

“Você se lembra da noite em que ele acertou Jimmy Knepper, o trombonista, bem no estômago, em pleno palco? Por que ele bateu no Jimmy daquele jeito?”

“Charlie queria ouvir o número que estávamos tocando do jeito que ele o havia composto”, explicou Dannie.

Dannie, magro, alto, usando uma farta cabeleira, falava com o sotaque uniforme, calmo e cerimonioso de um negro sulista.

“Você tem razão”, disse ele. “Não sou nenhum Charlie Mingus. Não vou quebrar os dentes de nenhum trombonista por ele tocar uma nota errada. Mas não haverá nenhuma nota errada. Nós vamos tocar a música do jeito que ele a compôs. Sacou? Deus sabe que eu a toquei durante vinte anos.”

“É verdade que Charlie era rápido com seus punhos”, disse Dannie e riu delicadamente. “E daí? Ele nem sempre se saiu bem com isso. Você sabe que Charlie já havia tocado na banda de Duke Ellington? E Duke o mandou embora porque ele esmurrou Juan Tizol, o saxofonista, no palco. Quando ele demitiu Charlie, Duke deve ter dito: ‘Se eu soubesse que você ia entrar em uma briga dessas no palco, eu teria composto uma introdução para ela’.”

“Charlie dava muita porrada e eu o vi levar algumas também”, continuou Dannie. “Uma noite, Sunny Murry deu uma nele no Five Spot. E naquela noite correu a notícia de que Oscar Pettiford de repente lhe dera um murro em uma espelunca do Harlem, e os caras da banda, ouvindo a notícia, imediatamente demonstraram uma intensa satisfação pessoal, como se Oscar tivesse empatado o placar para eles.”

"Tudo bem", disse eu a Dannie, "talvez a música seja a mesma, mas o dinheiro que eu pagava a Charlie não vai ser o mesmo."

"Eu não espero que seja o mesmo", disse ele. "Me dê uma garantia mínima, e se fecharmos o negócio, adoce um pouquinho no fim da temporada, certo?"

Estendi a mão para Dannie e definimos a data para sua estréia.

Foi um grande momento para Dannie, um músico de apoio que se tornava líder de uma banda própria. Ficou ali sentado, pensando – pensando nos seus vinte anos com Mingus – vinte anos! E agora ele estava seguindo por sua própria conta.

"Eu não me importo com o que dizem, eu amava Charlie", disse ele. "Ele nunca me deu um murro. Vinte anos juntos em todo tipo de clima! Agora ele se foi."

Assim, ficamos sentados na penumbra da tarde no Vanguard, que ainda não havia aberto para a noite, falando sobre Charlie Mingus.

"Eu me lembro da primeira vez que você e Charlie tocaram no Vanguard, em 1958", eu disse. "O trio de Jimmy Giuffre estava aqui, e Charlie desceu para ouvi-los. Jimmy, saxofonista tenor e um inovador no jazz, estava experimentando o que ele chamava de *swamp jazz* [jazz do pântano]. Ele estava atraindo uma platéia pequena e ardorosa. Não me pergunte o que era *swamp jazz*. Jimmy compôs 'The Four Brothers', um grande número para a banda de Woody Herman, quando Stan Getz era um dos membros daquela manada estrondosa, e desistiu daquele tipo de jazz *straightahead* [direto, tradicional] para sondar os mistérios do *swamp jazz*."

Jimmy era da Louisiana e destilou algumas noções musicais bem imaginosas a partir dos pântanos da Louisiana, as quais ele estava oferecendo à vanguarda do jazz no Village Vanguard em Nova York.

"Depois de escutar o *swamp jazz* de Jimmy durante meia hora, Mingus me disse: 'Deixa eu trazer minha banda aqui no próximo domingo para você ouvir um jazz de verdade'. No domingo seguinte, Mingus e o quinteto chegaram. Você estava na bateria", lembrei a Dannie. "Eu apresentei Mingus e ele olhou para a pequena e dedicada platéia do *swamp jazz* ali em frente, deu o compasso e soltou seu primeiro número. O volume, a intensidade, o ataque devastador da música me fizeram engasgar. Eu nunca tinha ouvido Mingus antes.

"Quando veio o segundo segmento, Giuffre sugeriu que esperássemos até que o local esfriasse um pouco para ele retomar suas próprias experimentações de *swamp jazz*. Deixei Jimmy partir na semana seguinte e contratei Mingus. Nunca mais ouvi falar novamente do *swamp jazz*. Mingus arrasou."

"Não, Charlie não agüentava o *swamp jazz*", disse Dannie. "Também não suportava o *free jazz* que os caras começavam a experimentar. 'Isso não é jazz', ele disse. 'Você não precisa ser músico para tocar essa merda. Até cachorro consegue tocar isso'. Charlie leu que alguns críticos chamavam aquilo de som do futuro. 'Isso não tem futuro nenhum', ele disse, 'porque é o tipo de música que não vai para parte alguma.'

"Cara, ele também não gostava dos críticos de jazz", disse Dannie. "Ele não gostava dos promotores de jazz, não gostava dos produtores de discos de jazz nem de nenhum tipo de executivo do jazz, e não gostava dos donos de boates de jazz."

"Não, talvez ele não gostasse de mim", admiti. "No entanto, uma noite ele foi até o bar, onde eu estava, apanhou o charuto que eu estava fumando, tirou uma baforada e o devolveu a mim. 'Eu adoro você, seu sacana.'"

Charlie era engraçado assim. Ele se sentia explorado. Se trabalhasse para você, você o estava explorando. O dinheiro que você pagava a ele nunca era suficiente. Talvez não fosse.

"Uma vez ele apontou um canivete para mim", contei a Dannie. "E daí? Eu sabia que ele não ia usá-lo."

"A troco de quê? Dinheiro, imagino", supôs Dannie.

"Ele precisava receber algum dinheiro. Entreguei a ele um rolo de notas. Não era a quantia que ele pedira, e assim ele atirou o rolo para o ar e sacou um canivete."

"Eu me lembro disso", disse Dannie. "Eu, como um bom menino, abaixei-me e comecei a apanhar as notas."

"E a noite em que ele arrancou a porta da frente das dobradiças", disse eu, "porque a placa lá fora não tinha as palavras 'Jazz Workshop'. 'E é Charles, não Charlie', gritou ele para baixo da escada. Ele queria ser conhecido como Charles Mingus, não Charlie Mingus. Não cometi esse erro novamente". Então perguntei a Dannie: "Como é que você agüentou isso – durante vinte anos?".

CHARLES MINGUS

"Era a música que ele compunha. Não conheço uma balada de jazz melhor do que 'Goodbye Pork Pie Hat', que ele compôs quando Lester Young morreu. Você conhece?"

"Não, nem sempre foi fácil", continuou ele. "Charlie era um mulherengo. Ele era um sacana bonitão antes de engordar e pesar quase 140 quilos. Ele pegava trabalhos como modelo masculino quando as coisas ficavam difíceis. Eu vi fotos de Charlie, seminu, com três donas seminuas sorrindo radiantes para ele em uma fita pornô. Ele sempre tinha alguma dama por perto, resolvendo suas paradas. Ele se casou com quatro, acho que foram quatro. Algumas ele sustentava, outras o sustentavam. Não me pergunte como. No começo da carreira, quando tínhamos de aceitar shows – qualquer show – a troco de banana para continuar, era sempre bom ter uma dama por perto que pudesse trazer alguns dólares.

"Uma noite, estávamos terminando uma temporada no Black Hawk, uma boca quente no bairro Tenderloin em San Francisco. Charlie estava falando com uma das garotas que freqüentavam a espelunca. O gigolô dela apareceu, viu Charlie conversando com a garota dele, não gostou do que viu, não queria nenhuma droga de músico ciscando em seu território.

"Houve um bate-boca. Charlie não perdeu tempo. Deu-lhe um murro de direita. O gigolô puxou uma arma, mas se atrapalhou com ela; Charlie continuou a bater. O gigolô foi para o chão e Charlie ficou pisando nele até que ele ficasse deitado e quieto na sarjeta.

"O pé de Charlie inchou tanto no dia seguinte que tive de dirigir todo o caminho de volta a Nova York", disse Dannie, meneando a cabeça. "Não, cara, Charlie não era nenhum gigolô. Era um mulherengo, como eu disse. Era bom ter uma dona por perto que pudesse trazer uns trocados quando as coisas ficavam difíceis. E Charlie as tinha. Sacou?

"Um dia vi Charlie subir numa balança. Estávamos prestes a embarcar em um avião para um show em Londres. Ele estava com 140 quilos. Ele não acreditou. 'Você não pode comer um balde de sorvete a cada refeição', eu disse a ele. E ele: 'Tenho de fazer alguma coisa a respeito'.

"Duas semanas mais tarde, depois que chegamos de Londres, Charlie foi para uma fazenda de Dick Gregory para se tratar; Dick, o ex-comediante, e sua mulher estavam tocando essa fazenda em algum lugar de Massachusetts. Dick tinha um método rígido para fazer a gente emagrecer: suco pela manhã e uma refeição magra à noite. Dessa forma, você perdia quase 1 quilo por dia – garantido. Em um mês, uns 30 quilos.

"Charlie agüentou uma semana. Aí, ficou sabendo que Rahsaan Roland Kirk estava tocando num lugar em Boston. Assim, ele disse a Dick que iria de carro à noite até a cidade, ouviria Rahsaan tocar e pela manhã estaria de volta. Bem ao lado do lugar em Boston onde Rahsaan estava tocando havia um restaurante chinês. Charlie viu, hesitou um momento e entrou. Fazia uma semana que ele não saía. Quer dizer, por uma semana ele não voltou para a fazenda de Dick." Dannie e eu nos entreolhamos por um momento antes de começarmos a rir.

Então perguntei a Dannie: "Em que ano foi que Charlie se aposentou? Desistiu de tocar jazz, jurou que nunca mais tocaria? Que ano foi aquele? 1968? 1969? Foi quando ele se entocou em seu moquifo – um par de quartos mobiliados na rua 5 Leste – , mandou desligar o telefone e se recusou a ver quem quer que fosse. Ele estava farto: os músicos, empregados e desempregados, que chegavam com besteiras; os tipos de espelunca em que ele tinha de tocar; os malucos por jazz, sóbrios e bêbados. Ele estava cheio disso tudo.

"Por um ano ninguém viu Charlie. Aí tive notícias de um cara que topou com ele numa tarde em um bar na Primeira Avenida. O cara era um cineasta, tinha se mudado para o Village para se tornar documentarista.

"'Como estava Charlie?', perguntei ao cineasta e ele disse: 'Terrível'. E quando ele perguntou a Charlie onde ele estivera no último ano, sabe o que Charlie fez? Arrancou um pedaço de papel do bolso, um aviso de despejo que o proprietário lhe havia entregado naquela manhã, e disse: 'Foi aqui que estive'."

"O que você acha que aconteceu?", perguntei a Dannie. "Esse projeto de cineasta teve uma idéia brilhante. Ele diz a Charlie: 'Vá para casa, não faça nada. Em uma hora estarei lá'. Assim, em uma hora ele está no moquifo de Charlie com uma filmadora alugada. E começa a rodar um documentário de Charlie sendo despejado, um documentário de uma hora mostrando Charlie sendo despejado de seu moquifo na rua 5 Leste.

"Está tudo lá: os tiras e a filha de seis anos de Charlie, a mobília de Charlie na calçada, seu rabecão, o piano de parede, o toca-discos, partituras esparramadas pela rua. Um caminhão da saúde pública municipal está embarcando tudo 'para levar para um depósito na rua 35', diz o motorista para a câmera. Há uma boa tomada do senhorio gritando para Charlie: 'Dá o fora daqui, seu vagabundo!'. Por fim, o repórter da TV, o microfone direto no rosto choroso de Charlie, quer saber: 'O que foi?'.

"'As pessoas que vejam o que acontece, o que pode acontecer ao jazz neste nosso país glorioso', diz Charlie, ou palavras nesse sentido."

"Você estava lá", disse eu a Dannie. "Eu vi seu rosto em algumas tomadas."

"É, com certeza eu estava lá."

"E dois anos depois Charlie ganhou uma bolsa da Guggenheim. Quinze mil dólares!", lembrei a Dannie.

"Eu também estava lá quando isso aconteceu. Sim, senhor! Você já leu o livro de Charlie que ele começou a escrever sobre aquela época, *Beneath the Underdog*?"*

"Não, eu tentei lê-lo mas não consegui – porque Charlie não o escreveu."

"O que você quer dizer com não o escreveu? Quem escreveu?"

"Eu sei que ele não o escreveu porque uma vez li um original que Charlie escreveu à mão, sobre seus anos turbulentos na Califórnia. Ele o mostrou para mim. Levei três horas para decifrá-lo. Quando acabei de ler, eu sabia que fora escrito por Charlie. Era espontâneo, irado e muito bom, como Charlie. Fui de cabeça no *Beneath the Underdog*. Tem o nome de Charlie, mas não é Charlie. Conheço a moça que o escreveu. Além do mais, por que preciso ler um livro sobre Charlie? Fazia vinte anos que eu conhecia Charlie. O que eu quero ouvir de Charlie é a música que ele compôs e tocou durante toda a sua vida."

Contei a Danny que eu tivera uma boa oportunidade de ouvir novamente um pouco numa noite em que cheguei em casa depois de fechar o Vanguard. A WKCR, a emissora de rádio da Universidade de

* Charles Mingus, *Abaixo de cão*. Lisboa: Assírio & Alvim, 1982, trad. Vitor Ribeiro Ferreira. No Brasil, *Saindo da sarjeta*. Rio de Janeiro: Jorge Zahar, 2005, trad. Roberto Muggiati.

Columbia, estava transmitindo uma maratona de vinte e quatro horas em comemoração à música de Charlie. Liguei o rádio e a música entrou, transbordante. Um número depois do outro – um jazz frenético, ardente, rapsódico.

Charlie já não tocará mais essas músicas, fiquei ali pensando, sentado sozinho às quatro da madrugada, ouvindo as mesmas músicas que ele tocava de tempos em tempos no Vanguard durante vinte anos até que não pude mais pagá-lo. "Better Git It in Your Soul", "Love Is a Dangerous Necessity", "Self-Portrait in 3 Colors", "Meditation in Times Square". Que títulos!

Perguntei a Dannie sobre um dos números de Charlie que eu quase havia esquecido: "All the Things You Could Be Now if Sigmund Freud's Wife Was Your Mother".

"É!"

"Parece uma das canções de amor de Charlie", disse eu.

"E é. Ela foi inspirada pela música 'All the Things You Are', de Duke Ellington. Charlie adorava Duke. Ele compôs 'Open Letter to the Duke'. Eles tocaram esta?"

"Não, mas tocaram 'Eat That Chicken'."

"Charlie sabia ser engraçado", disse Dannie.

"Eu não consegui me afastar daquele rádio. Deviam ser seis horas quando fui para a cama."

Dannie se levantou da cadeira. Tudo estava acertado entre nós: a data, o dinheiro e como seria o anúncio de sua estréia:

> Vinte anos com Mingus, Dannie Richmond toca com seu The Charlie Mingus Jazz Workshop Quintet, com Eddie Gomez no baixo.

Umas duas semanas depois, meu telefone tocou. Era uma voz de mulher me dizendo ser a secretária da senhora Mingus.

"Soube que você pretende programar Dannie Richmond para o Village Vanguard usando o nome de Mingus", diz ela. "Se fizer isso, a senhora Mingus quer que 25% do que você está pagando para Dannie seja retido, depositado para ela em custódia. Você entende? A senhora Mingus tem um advogado."

Em seguida, ela desligou.

Quando contei a Dannie o que fora dito ao telefone, ele deixou a cabeça pender um pouco para o lado. "Deve ser Sue", disse ele. "Eu não sabia que Charlie tinha se casado com ela – será? Como eu lhe disse, sempre havia alguma dama por perto, cuidando dos assuntos de Charlie por ele. E ao que parece ainda há."

Dannie estreou no Village Vanguard no dia 6 de fevereiro de 1979. Toda noite, quando chegava para trabalhar, a primeira coisa que ele me dizia era: "Sue falou outra vez hoje comigo ao telefone durante uma hora. Ela não quer ser deixada de fora. Ela quer que eu a ajude a ficar com a música de Charlie que ela ama. Quer trazer de volta os homens de Charlie, onde quer que se encontrem, montar uma banda e chamá-la de The Charlie Mingus Dynasty Band – comigo na bateria."

"Com você como líder, certo?"

"Não, cara, ela quer ser a líder."

"Como ela pode ser a líder?"

"Foi o que fiquei lhe dizendo. 'Sue', eu disse, 'eu sou o líder. Faz vinte anos que toco a música de Charlie. Você ama a música, mas *eu é que a toquei* durante vinte anos'."

"Dannie", aconselhei-o, "deixe que Sue se chame de líder se é isso que ela quer. Você sabe e todo homem naquela banda saberá que você é o líder. Ela que fique com a música de Charlie. Dê a ela alguma coisa para fazer, assinar documentos, qualquer coisa, e dê a ela os 25%."

Ele me olhou diretamente nos olhos e disse: "Quando você programar a Charlie Mingus Dynasty Band no Vanguard, mano, se você quiser dar a ela 25%, pode dar. Mas do seu dinheiro, não do meu. Sacou?".

EM MEMÓRIA DE RAHSAAN ROLAND KIRK

RAHSAAN ROLAND KIRK

Rahsaan Roland Kirk, o músico de jazz, morreu no dia 5 de dezembro de 1977. Estava com 42 anos.

"Como muitos músicos de jazz, ele morreu jovem, muito jovem", disse o reverendo John Gensell, o pastor do jazz, em seu funeral.

Durante quinze anos, três, às vezes quatro vezes por ano, ele tocou saxofone tenor no Vanguard com seu quinteto. Rahsaan também tocava sax contralto, sax soprano, sax barítono. Tocava clarineta, flauta e um trompete que ele equipou com um bocal de junco. Depois ele tocou um *stritch* e uma *marzella*, tocos de instrumentos de sopro que nunca conseguiram ser saxofones. Ele os encontrou numa casa de penhores do Lower East Side e gostou do tipo de sons que podia tirar deles.

Se vocês o vissem com sua boina preta e óculos escuros, investindo com seu instrumento à frente em meio às cadeiras e mesas lotadas do Vanguard, dirigindo-se para o bar, procurando a cozinha, o banheiro dos homens, o telefone na parede, sem ninguém cutucá-lo ou dirigi-lo, poderiam se perguntar se ele era realmente cego. Se lhe oferecessem ajuda, ele recusaria educadamente. Os clientes me perguntavam se ele era cego de nascença e eu tinha de confessar que não sabia. Nunca lhe perguntei.

Ele subia ao palco com três saxofones pendurados ao peito. Quem o via pela primeira vez se perguntava para onde diabos ele ia. Junto dele no palco ficava uma "árvore de sons", na qual ele pendurava sinos, gongos, apitos, um pandeiro, jogos de correntes e um pequeno tambor de percussão que ele usava se a música o pedisse. Uma noite ele trouxe uma flauta comprida que ele confeccionara em bambu. Era para quatro tocadores. Ele convocava os homens de sua banda para ajudá-lo a fazer uma demonstração dela.

Rahsaan nunca estava satisfeito. Se sua flauta não estivesse funcionando do jeito que ele queria, ele acrescentaria sua voz a ela – e a combinação de voz e instrumento era algo digno de se ouvir. Ele tocava dois instrumentos ao mesmo tempo, às vezes três – uma seção inteira de sopros sozinho. O jazz o dirigia e o consumia.

Rahsaan gostava do astral do Vanguard, gostava tanto que trabalharia lá por menos dinheiro que em lugares "onde o astral não me diz nada" – o Avery Fisher Hall, o Carnegie Hall. "Eu não tenho nada contra o dinheiro", dizia ele. "Eu faço shows na universidade. É onde está o dinheiro. Gosto de fazer. Os garotos são ótimos, fazem muitas perguntas: 'Que tipo de jazz você está tocando?' Desse jeito. Os garotos brancos gostam de pôr rótulo nas coisas. Não há nada de errado nisso, desde que eles realmente curtam o jazz.

"Primeiro eu toco para eles; depois, gosto de me sentar e papear com eles. Gosto de falar com eles sobre o blues, falo a eles sobre Louis Armstrong e Bessie, e que Fats Waller não era nenhum palhaço. Gosto de falar com eles sobre Coltrane, Duke, Thelonious e McCoy Tyner; sobre Mingus, que me deu um trabalho quando cheguei a Nova York pela primeira vez, vindo de Columbus, Ohio, há quinze anos. Fazer eles sentirem a alegria, o significado do jazz – a música clássica negra.

"Alguns acham que talvez eu fale muito. Não sigo a escola *cool* de jazz, onde o cara fica lá e mal reconhece a presença da platéia. Eu gosto de descer para o meio das pessoas, fazer elas me ouvirem, chegar a eles pela música que toco. É só me dar meu tenor que eu decolo, e sinto que se você estiver escutando, não poderá nunca haver nenhuma diferença, nenhum mal-entendido entre nós. O que é o jazz? É a verdade, cara, a verdade. O jazz é isso.

"Se eu estivesse com meu sax naquele dia em Akron, Ohio, se ele não tivesse ficado guardado no estojo, aqueles caras do FBI que chegaram zoando comigo teriam percebido que eu, Rahsaan, jamais poderia ser alguém que estava tentando seqüestrar um avião. É isso mesmo! Não ria. Seqüestrar um avião! Foi por isso que me prenderam em Akron quando eu estava prestes a embarcar em um vôo para LA. Leiam, saiu nos jornais.

"Eu estava com uma espada, uma espada cerimonial que me foi dada de presente, guardada em minha mochila. E uma pequena arma de gás lacrimogêneo que sempre carrego pelas ruas de Nova York às cinco da manhã. Eu estava a caminho de um show em LA, e o FBI imaginou que com todas aquelas ferramentas, eu devia estar tramando seqüestrar aquele avião – levá-lo para a Lua. Eles me seguraram dois dias em Akron antes de decidirem me liberar.

"Como eu disse, se eu tivesse podido colocar as mãos no meu sax tenor, ajustado o bocal e tocado uns dois estribilhos de 'Liza Jane' ou 'Prelude for a Kiss', ou talvez o 'Round Midnight' de Thelonious Monk, até um cara do FBI teria visto que esse músico cego, negro, não ia seqüestrar avião nenhum."

Rahsaan chamava as pessoas que vinham ouvi-lo de "fiéis". Uma noite, um infiel estava na platéia. Ele não gostou dos "miados" que estava ouvindo e não hesitou em dizê-lo. Rahsaan parou tudo e baixou o seu sax. Ele sabia exatamente onde o infiel estava sentado. Rahsaan caminhou até o sujeito, agarrou-o e ordenou que se retirasse. Ele não queria um infiel na casa.

Rahsaan sabia cantar. Não tinha voz nenhuma, mas isso não o impedia. Ele preparava a platéia. "'Make Me a Pallet on the Floor', de Sidney Bechet. Sidney não tinha nem uma cama de palha no chão para recostar sua cabeça cansada neste país e, por isso, foi para Paris para encontrar uma. Não, cara, esta terra nem sempre tem sido boa com seus músicos de jazz.

"Não tenho bolinhas, não tenho baseado, vou viajar com aquilo que tenho", e terminava a canção com uma risada raivosa. Depois, apanhava sua clarineta e entrava em um estribilho acelerado de "When the Saints Go Marching In" – saía do palco direto para o meio da multidão que se mexia desordenadamente diante dele, marchava pelo corredor, fazendo gemer a clarineta, o trombonista atrás dele, subia a escada da frente, saía para a rua e voltava novamente.

Quando Rahsaan ouviu à boca-pequena do jazz que Eddie Harris tinha eletrificado seu saxofone, ele disse: "Cara, não gosto de toda essa eletricidade que os caras estão introduzindo atualmente – pianos elétricos, amplificadores, baixo Fender, sintetizadores. Eu gosto de jazz limpo e direto. Não gosto dessa facilidade toda. Gosto de jazz que sua. Droga, se você tirar o fio da tomada, essas bandas param de funcionar.

"Estávamos fazendo duas semanas de shows no Ronnie Scott em Londres. Uma noite houve um apagão. A banda que tocava à nossa frente não pôde continuar. Foi o fim para eles. Nós encerramos a noite à luz de velas."

Rahsaan gostava de falar da astúcia e maquinação das gravadoras. "Joe Henderson estava em Nova York na semana passada. A gravadora dele queria que ele fizesse um *crossover*, atravessasse para onde está o dinheiro – botasse mais molho em seu sax, o adocicasse, que seu baterista colocasse mais estrondo em seus tambores, ficasse mais comercial e começasse a vender discos. Mas Joe não mudou", disse Rahsaan.

"O último disco de Herbie Hancock vendeu 400 mil cópias. Ele se mudou para a Califórnia e comprou uma casa com piscina. Bom, Herbie conseguiu. Mas Freddie Hubbard está com insônia desde que começou a fazer *crossover*. É, eu soube que Chick Corea ganha 10 mil pilas por noite depois que passou para o *crossover*. Que bem isso lhe faz? Ele joga tudo fora. É, cara, ele dá tudo para os cientologistas. Vocês não souberam? Chick é fanático pela cientologia. Vocês não sabem o que é cientologia? Ora, é um culto, cara, um culto que suga dinheiro", disse Rahsaan e então deu sua risada característica.

"E vocês ficaram sabendo do que aconteceu com Ben Riley? Ben, que tocava bateria para Thelonious até que Thelonious adoeceu e desistiu de tocar piano. Ben estava montando um quarteto próprio, e aí trouxe um garoto para os ensaios, um baterista de uma discoteca, para que ele o ensinasse a colocar a batida de discoteca em sua percussão.

"Ben, que tocava bateria com Thelonious – o maior –, foi aprender a tocar bateria de novo. Para que pudesse ganhar um pouco daquele dinheiro, foi aprender a tocar discoteca, rock, *fusion jazz*. E esse garoto com espinhas é que foi ensiná-lo.

"Mas, sabem de uma coisa? Ben jamais conseguiu. Não podia deixar sua bateria na pior."

"Você está prejudicando a você mesmo", dizia a Rahsaan sua esposa Dahrsaan. "Pega leve. Você está com 42 anos." Mas ele não ia parar. Quando não estava tocando no Vanguard, Rahsaan estava tocando em Miami, Chicago, San Francisco, na Polônia, no Japão, no Festival de Jazz de Montreux, na Suíça, no Sul da França – carregando seus saxofones a tiracolo. Um dia, quando estava saindo da cama, sofreu um grave derrame que paralisou seu lado direito e os dedos de sua mão direita. Seu lado esquerdo e sua mão esquerda não foram afetados.

Suas mandíbulas, sua língua, reagiram à terapia. Quando liguei para ele no hospital, sua voz parecia quase a dele mesmo. "O que é que está rolando? Quem está tocando na boate esta semana?", foram suas primeiras perguntas.

"Betty Carter", contei a ele. "Vou levar para você uma fita cassete da primeira parte do show quando for visitá-lo."

Uma vez fora da cama, Rahsaan não perdeu tempo. Embalou seu sax tenor e sua esposa o levou de carro para a fábrica de saxofones de Nova Jersey que outrora o havia presenteado com aquele saxofone. As companhias fazem isso – dão presentes a músicos de jazz famosos. Se Rahsaan o tocasse – a marca de saxofone deles – eles imaginavam que outros músicos comprariam e tocariam aquela marca de saxofone. Rahsaan queria saber se poderiam remontá-lo para os dedos de sua mão esquerda.

Foram necessários três meses para ele aprender a tocá-lo de novo, tirar o som direito, dedilhando o saxofone apenas com a mão esquerda. Por fim, ele ficou satisfeito e uma tarde me ligou. "Estou pronto quando você estiver pronto", anunciou.

Seis meses depois de deixar o hospital, ele estreou novamente no Vanguard. Correu a notícia de que Rahsaan estava de volta e tocando novamente. Assim, seu séquito de fiéis estava a pleno vapor esperando para ouvi-lo.

"Como será que ele vai tocar depois do que aconteceu com ele?", perguntavam.

Um fiel assíduo cochichou para mim: "Se você não o tivesse ouvido antes, jamais saberia que ele só está usando a mão esquerda. Soa melhor do que eu esperava."

Mas depois de ouvi-lo por algum tempo, aumentei um pouco o som de seu microfone. Talvez dessa forma ele conseguisse um pouco mais de força, mais clareza em seu sax. Ele terminou o número de abertura, ficou parado em pé um pouco e entrou em seu segundo número sem anunciá-lo. Simplesmente começou. Imaginei que talvez o anunciasse no final, falando com a platéia como sempre fazia, assumisse o comando, abraçasse as pessoas ou zombasse delas se ele não gostasse do modo como estavam escutando. Mas ele não disse nada.

Quando ele não falava com as pessoas, eu sabia que ele não estava se sentindo bem. Ele estava tocando bem, mas não estava se sentindo bem.

Rahsaan não usou sua clarineta nem sua flauta no repertório que tocou. Ficou no sax tenor. E agora nada de tocar três instrumentos juntos como nos velhos tempos. Isso não me incomodou. De qualquer modo ele sempre era melhor no sax tenor. Mas ele não falou – isso é que me incomodava.

No final da primeira parte, ele aceitou o braço de um de seus músicos, que o ajudou a descer do palco.

Rahsaan não terminou a semana. Era a primeira vez em quinze anos que ele não encerrava sua semana.

“O JAZZ NÃO FEZ NENHUM BEM AO MEU CASAMENTO”

Certa noite, em 1970, o quarteto de Thelonious Monk estava tocando no Vanguard. Eu estava conversando com a baronesa Nica de Koeningswarter na cozinha, que também é meu escritório e o Salão Verde. Pela porta entreaberta podíamos ouvir o piano de Monk. A cozinha é o único lugar no Vanguard onde é possível conversar. Se você conversar em uma mesa lá fora enquanto a música estiver tocando, alguém sempre irá lhe pedir silêncio.

"Querido", dizia-me a baronesa, "você pode me agradecer por esta noite Thelonious estar no horário. Se eu não o tivesse trazido de carro, ele ainda estaria na rua 64 acenando para um táxi. Os táxis não parariam para ele. Têm medo dele, um negro grandalhão na esquina gesticulando loucamente para um táxi."

A baronesa falava com seu sotaque macio cultivado de uma dama inglesa de berço nobre. Ela tem altura mediana, está na meia-idade e tem tendência a engordar. Fazia quase vinte anos que eu a conhecia e sabia que na verdade ela não estava procurando nenhum agradecimento meu por ela trazer Thelonious. Ela já o havia trazido de carro antes e o traria de novo, provavelmente na noite seguinte.

"Eu pedi a Nellie que viesse esta noite", continuou ela. "Mas você conhece Nellie, sempre cansada. (Nellie era a esposa de Monk.) Você é um cara tranqüilo, Max, e não me incomodo por você me fazer perguntas, só *não* me pergunte por Bird. Além do mais, você sabe tudo a respeito. Saiu em todos os jornais. Claro que os jornais não contaram tudo – sobre o quanto o pobre Bird estava doente, por exemplo. Ele estava sentado, ouvindo um disco de Tommy Dorsey, 'Just Friends' (Bird era louco por Tommy Dorsey). De repente, ele começou a cuspir sangue, saltou da cadeira, gritou e caiu a meus pés. Liguei para o médico da casa. Mas o médico do chique Stanhope Hotel não viria. Ele não trataria de um negro morrendo no apartamento de uma mulher branca."

"As manchetes nos jornais eram terríveis: 'Charlie "Bird" Parker, Famoso Jazzista, Encontrado Morto em Apartamento da Quinta Avenida.

"Isso não foi nada bom para o meu casamento."

Ela abriu a bolsa, revirou o conteúdo e finalmente tirou o que estava procurando – uma foto dela tirada quando estava num safari na África. Ela me passou a foto. Na época ela era esbelta e bonita, estava em pé junto a um homem bem apessoado com uma arma sob o braço. "Isso foi há 25 anos", disse ela, sorrindo.

A baronesa sorri bastante. Tirou uma longa cigarreira de sua bolsa e pediu para o homem da cozinha que fizesse a gentileza de pedir para ela um Brandy Alexander. "Não se esqueça de dizer a Mike que é para mim."

Eu sempre sentia, ao falar com a Baronesa, que seria bom eu melhorar meus modos e meu linguajar.

"Quando você ouviu jazz pela primeira vez?", perguntei-lhe. "Não havia nenhuma casa de jazz em Londres."

"Meu irmão era pianista", disse ela, como se isso explicasse tudo.

"Lord Rothschild, pianista? Um pianista de jazz?"

"Não, querido, ele era um amador talentoso que tocava piano em casa. Bach, Beethoven, você sabe."

"Mas Benny Goodman costumava trazer sua banda a Londres para concertos naqueles dias dos anos 1940. Nós íamos ver. Uma vez meu irmão botou na cabeça que gostaria de tomar algumas lições de piano com Teddy Wilson. Teddy era pianista de Benny Goodman. Foi quando comecei a ouvir jazz."

"Teddy era um encanto. Ele me deixava assistir às aulas. Depois, tocava para mim. Trouxe-me alguns discos e fiquei sabendo de uma loja em Londres onde eu poderia comprar mais."

"Descobri o *Black, Brown and Beige*, de Duke Ellington. Se você me perguntasse o que realmente me converteu ao jazz, eu diria que foi esse disco. Eu não imaginava que o jazz pudesse ser tão maravilhoso."

"Quando chegamos a Nova York, fomos para o Stanhope Hotel, defronte ao Metropolitan Museum. Meu marido estava no serviço diplomático francês e odiava jazz. Claro que quando chegamos aqui eu procurei Teddy Wilson."

"Nova York era maravilhosa naquela época: Bird na Birdland, Hawk na Famous Door, Stuff Smith na Onix, Miles no Vanguard, Thelonious no Minton na rua 116. Toda noite eu ficava fora até as cinco da manhã, às vezes com Teddy, às vezes sozinha. Dirigia meu Bentley para cima e para baixo, ninguém me incomodava. Eu estava entusiasmada, encantada, tomada pela música. Eu estava ouvindo ao vivo todos os que eu costumava ouvir em discos em Londres. A primeira vez que ouvi Thelonious tocar 'Round Midnight', eu chorei.

"Claro que o jazz não fez nenhum bem ao meu casamento."

Ela fez uma breve pausa, depois tocou uma tecla diferente. "Eu descobri uma coisa sobre os músicos de jazz. Eles estavam sempre desempregados. Eu não conseguia entender isso. Por que esses artistas maravilhosos e criativos estavam cronicamente desempregados? Por que eles tinham de passar por necessidades tão constantes e opressivas?"

"Achei que poderia ajudá-los." A baronesa sorriu ao pensar nisso.

"Cheguei até a me tornar empresária. Assumi a tarefa de gerenciar uma banda de jazz, acredite se quiser. Art Blakey and the Jazz Messengers, imagine! Achei que poderia ajudá-lo e a seus homens a se tornarem mais empregáveis. Eu! Gerente! Foi um desastre.

"Investi em seis smokings azuis. Achei que isso os ajudaria a conseguir trabalho. Eu estava doida."

A baronesa parecia envergonhada por essa revelação de sua incompetência administrativa. Talvez ela estivesse dizendo mais do que havia se proposto quando concordou em conversar comigo sobre si mesma e o jazz.

"Uma coisa eu nunca vou me esquecer sobre a América... Jamais esquecerei do Estado de Delaware! Eu nunca soube que ele ficava abaixo da linha Mason-Dixon. É como vocês a chamam nos livros de história, a linha Mason-Dixon, não é?

"Thelonious tinha um show em Baltimore. Prometi levá-lo de carro até lá. Na última hora, Nellie concluiu que ela não iria conseguir. Então, lá fui eu levando Thelonious e Charlie Rouse, seu saxofonista tenor, atravessando o Estado de Delaware a caminho de Baltimore.

"Sempre vou me lembrar de Newcastle. Estava um calor infernal e Thelonious estava passando por um de seus dias ruins – calado, suando e infeliz. Por fim, ele falou. 'Será que poderíamos parar em algum lugar para tomar alguma coisa gelada, uma cerveja, um copo d'água, alguma coisa?'

"Eu vi uma placa, *Motel e Bar*, e parei o carro. Quando Thelonious caminhava rumo à entrada, ocorreu-me que talvez eu devesse ter ido com ele. Quando dez minutos se passaram, comecei a ficar apreensiva. Quando saí do carro para descobrir o que estava acontecendo, um jipe se aproximou, parou bruscamente e dois policiais subiram correndo a escada. Em um minuto eles saíram trazendo Thelonious entre eles.

"'Quem é você?', disse um dos policiais olhando para mim. Imagino que parecíamos muito suspeitos, dois negros e uma branca em um carro estrangeiro. 'E quem é este homem? Ele não quer me dizer seu nome. Não quer falar.'

"'Ele é músico', eu disse. O policial ordenou que Charlie saísse do carro e o revistou. Depois, ele revistou minha bolsa e encontrou alguns restos de maconha no fundo, o bastante para um baseado.

"Agora os policiais estavam certos de que tinham a prova para uma detenção. Éramos viciados, criminosos, e eu era a traficante. Ordenaram que Thelonious entrasse no jipe.

"Mas Thelonious estava tão furioso que não saiu do lugar. Agarrou-se à porta do carro, e não pôde ser tirado dali até que um dos policiais começou a bater em suas mãos com um cassetete, suas mãos de pianista.

"Eu gritei enquanto uma multidão se formava.

"Bem, eles finalmente nos levaram para a chefatura de polícia, vários quilômetros adiante na estrada. Charlie e Thelonious foram liberados,

THELONIOUS MONK

mas eu tinha de ir a julgamento. Eu era uma criminosa perigosa por causa daquele resto de maconha em minha bolsa. Fui declarada culpada e condenada, imagine só, a três anos. Três anos! E meu Bentley seria confiscado.

"Meu advogado apelou, claro. Contratei Edward Bennett Williams e, depois de quase dois anos de encaminhamento de documentos legais, audiências, informes comprovatórios, cartas de meu irmão e do agente Joe Glaser, e de Nat Hentoff, o juiz concluiu que eu não era nem viciada nem traficante e me absolveu. Isso me custou uma fortuna.

"Não é preciso dizer que Thelonious não chegou a fazer aquele show em Baltimore.

"Querido, eu nunca imaginei que Delaware pudesse ser um estadozinho tão mesquinho e tão tenso. Mas os Du Ponts, se quisessem, poderiam ter evitado toda aquela lamentável confusão sem a menor dificuldade. Os Du Ponts conheciam os Rothschilds havia muitas gerações. Mas os Du Ponts ergueriam um dedo? Não, claro que não." A baronesa agora não estava sorridente.

"Eu sei que as pessoas me acham muito esquisita, Max. Elas não conseguem entender meu interesse pelo jazz e minhas amizades com os músicos de jazz. Acham que é uma coisa sexual, uma coisa obscena.

"Hawk, por exemplo. Você se lembra da noite em que ele levou um tombo no seu palco? E depois, quando a ambulância chegou e o médico o quis levar para o St. Vincent, ele se recusou. Em vez disso, depois de um descanso de meia hora, ele pediu uma cadeira no centro do palco e terminou a apresentação sentado.

"Eu corri pela rua para buscar uma sopa para ele. Hawk não quis tomá-la. Eu o levei até sua casa, abri a geladeira – e nada. Busquei para ele uma garrafa de leite, algumas frutas, uns rolinhos primavera – ele era louco por comida chinesa.

"Você não soube e acho que até hoje não sabe, mas Coleman Hawkins era epiléptico. Em seu apartamento no Central Park Oeste, onde ele morava sozinho, mandei instalar várias extensões de telefone. Um telefone ficava no chão e, assim, se alguma vez ele caísse quando estivesse sozinho, poderia dar um jeito de alcançá-lo e pedir socorro.

"Eu adorava Hawk, éramos amigos. O pobre diabo tinha de ir e morrer." Uma explosão de aplausos da multidão que escutava Monk e seu quarteto trouxe a baronesa de volta ao presente.

"Sabe, Max? Thelonious freqüentemente vinha até minha casa e tocava para mim. Quando não estava tocando piano, ele adorava jogar pingue-pongue. Eu tinha uma mesa de pingue-pongue montada na varanda. Ele era o jogador de pingue-pongue mais rápido que já conheci; ele era misterioso. Agora que não está se sentindo tão bem, ele não toca tanto piano quanto costumava tocar, e nem joga pingue-pongue. Estou pensando em comprar uma daquelas pequenas mesas de sinuca. Será que elas são caras?

"Você me entende, é por isso que estou lhe contando isso", disse ela. "Acho que você me entende porque você é tranqüilo, Max, você é um cara tranqüilo. Hawk costumava dizer isso de você."

"Nica, o que aconteceu com o sax dele? Eu gostaria de ficar com ele, colocá-lo numa caixa de vidro e pendurá-lo na parede junto ao bar."

"Você está louco", disse ela sorrindo. "Talvez eu venha de uma *mishpocho* [família] esquisita, mas somos uma família unida, Max, acredite ou não.

"Estou sempre em Londres e meu irmão está sempre em Nova York. No ano passado, minha irmã Miriam, ao voltar da Austrália, parou em Nova York para me ver. Ela havia passado um ano na Austrália pesquisando pulgas, é disso que ela gosta. E minhas duas filhas moram comigo. Todas elas perdoam meu interesse pelo jazz."

A ÚLTIMA CONVERSA FRANCA
OU COMO O VANGUARD QUASE FOI FECHADO

Eu não o reconheci imediatamente, mas lá estava ele em todas as cores na capa da revista de domingo do *New York Times* – Baba Ram Dass, o guru, com uma barba longa e uma túnica branca solta. Dentro da revista estava a história de sua ascensão, queda e ascensão. Baba Ram Dass era como ele se chamava agora e, meu Deus, ele é um guru.

Eu me lembro dele catorze anos antes no Vanguard, quando era apenas Dick Alpert. Na época ele fazia a barba, usava óculos e um terno executivo, e seu cabelo estava sempre tão alinhado quanto o de um aspirante a executivo.

Naquela época, em vez de fechar o Vanguard na segunda-feira como fazíamos havia anos, instalei a Conversa Franca [*Speak-Out*], um debate aberto inventado por mim e Paul Krassner, diretor e editor de *The Realist*, um pequeno pasquim radical, que era publicado eventualmente quando Paul tinha dinheiro para pagar o tipógrafo.

Uma Conversa Franca era exatamente o que se dizia ser: um momento para falar de assuntos controversos do dia – Qual o Problema da Malícia? A Sátira é Fútil? Ateísmo: A Quinta Liberdade; A Desobediência Civil e a Lei – assuntos como esses. Paul Krassner e eu convocávamos um painel de quatro pessoas para falar toda segunda-feira à noite.

O painel incluía Nat Hentoff; Ralph Ginsberg, editor da *Eros*; Barney Rosset da Grove Press; Percy Sutton, antes de se tornar subprefeito do Distrito de Manhattan; o crítico John Simon; o reverendo Howard Moody; Mario Savio, o líder do movimento Free Speech de Berkeley; Richard Kuh, que mais tarde processou Lenny Bruce; e Harvey Matusow, o renegado aposentado do FBI, entre muitos outros. Norman Mailer me disse que não participaria de um painel pelos "ridículos 25 paus" que eram o cachê fixo.

Os ânimos se exaltavam nas noites de segunda-feira. Depois que os debatedores falavam, a platéia se manifestava, fazendo perguntas. O público pagava 3 dólares, o preço do ingresso, muitas vezes pelo privilégio de ser espinafrado por um dos debatedores ou por um fanfarrão da platéia. Paul mantinha uma ordem razoável com uma grande campainha.

Uma noite de segunda-feira, antes de mudar seu nome para Baraka e se mudar para Newark, o poeta Le Roi Jones lançou insulto após insulto à platéia predominantemente branca. Mesmo Paul, com sua campainha, desistiu. Aquela noite tive de fechar cedo.

Depois de cerca de seis meses, a Conversa Franca começou a perder o calor e, com uma delas programada, decidi mandar aquilo para o inferno. No desenrolar das coisas, essa última Conversa Franca foi a mais irada de todas. Também poderia ter sido a última do Vanguard.

A primeira vez que ouvira falar de Alpert foi quando ele e Tim Leary foram expulsos de Harvard. Eles eram psicólogos e pesquisadores que dirigiam uma coisa no campus que eles chamavam de Laboratório de Desenvolvimento Humano. Ali, realizavam experiências com a psique humana, administrando LSD em estudantes universitários para ver o que acontecia com eles. "O que fará o LSD ao cérebro de uma pessoa – seu computador de 13 bilhões de células?", era a pergunta que faziam. (Para os caretas: LSD é uma dietilamida do ácido lisérgico, uma droga alucinógena ou perturbadora da mente.)

Uma dupla de alunos de Leary e Alpert, como vocês devem se lembrar, foram parar em instituições para doentes mentais. Assim, Harvard decidiu expulsar Dick e Tim e fechar seu Laboratório de Desenvolvimento Humano. Tudo isso era manchete nas espeluncas do

Village, pontos de encontro dos *literati* e *cognoscenti*, onde o LSD desfrutava de voga entre jovens e nem-tão-jovens-assim que procuravam horizontes mais luminosos.

Por volta da mesma época, o governo federal interveio e, declarando o LSD perigoso, proibiu seu uso. "Tune In, Turn On, Drop Out" [Sintonize-se, Ligue-se, Caia Fora] – o lema do LSD enunciado por Dick e Tim – deixou o governo irritado. O governo não queria que garotos radicais de classe média "caíssem fora", participassem de furtos em lojas ou colocassem bombas em bancos e prédios públicos, como alguns estavam fazendo.

Dick e Tim acreditavam no LSD e em seu Laboratório de Desenvolvimento Humano. "Você precisa sair de sua mente para usar sua cabeça", diziam eles. Acreditavam que, corretamente ingerido, sob supervisão de um médico ou guru, essa droga poderia operar maravilhas na mente humana, espichá-la e ampliá-la, abri-la para uma nova e desconhecida percepção e consciência, tornar um homem de fato tão inteligente que nada voltaria a enganá-lo novamente – nada que o governo pudesse dizer ou fazer, por exemplo. Foi por isso que o governo tornou o LSD ilegal, dizia Dick. O governo receava ser desmascarado se os eleitores começassem a iluminar-se com o LSD.

A única coisa de que se precisava era um lugar para continuar a pesquisa que Harvard havia interrompido. A proibição do governo ao LSD era um problema, embora Dick e Tim achassem que o governo acabaria revogando sua proibição à maravilhosa droga. Enquanto isso, havia outros caminhos, outras pesquisas sobre a mente humana que poderiam ser feitas, e eles falavam disso.

Havia o controle dos movimentos, por exemplo, como exercícios, correr, dançar; dieta e meditação; psicodrama; havia cor e luz – a luz estroboscópica, por exemplo, que pode fazer você começar a alucinar. Havia a respiração profunda. Parar defronte a uma janela por meia hora e inspirar profundamente, primeiro por uma narina e depois pela outra, e ver o que acontece. Isso pode deixar você embriagado. E havia ainda o som – música – a música de jazz. Todas essas estratégias de pesquisa cientificamente administradas poderiam operar maravilhas em sua psique, segundo Dick e Tim acreditavam. "Elas terão de fazer isso até que governo revogue sua proibição ao LSD, no que estamos trabalhando no momento", disse Dick.

Dessa forma, Dick e Tim montaram seu laboratório em uma casa de 65 cômodos em uma fazenda de quarenta hectares perto de Milbrook, Nova York, de propriedade de uma senhora de mentalidade avançada, Peggy Hitchcock, que acreditava neles e no LSD. Peggy acreditava tanto neles que, embora corresse o rumor de que alguns de seus vizinhos reclamavam que o valor de seus imóveis estava sendo prejudicado pelo tráfego gerado pelo laboratório de pesquisa de Dick e Tim, particularmente nos fins de semana, ela não pensava em despejá-los.

"Por que você não tira um fim de semana de folga e vai de carro até Milbrook?", perguntou-me certa noite o barão Bjorn van Schlebrugge.

O barão era sueco, um homem com as costas curvadas e um metro e oitenta de altura, com o rosto comprido e cabelo loiro caindo sobre suas orelhas. Era um grande entusiasta do jazz, ouvira falar do Vanguard em Estocolmo e decidira vir a Nova York e conhecer pessoalmente o lugar. Na noite em que chegou ao Aeroporto Kennedy, tomou um táxi direto para o Vanguard, sem sequer ligar para o amigo na rua 10 Oeste, onde ele ficaria hospedado nos Estados Unidos.

Uma vez aqui, o barão começou a freqüentar o Vanguard. Ele estava lá toda noite, não falhava uma. Isso continuou por meses a fio. Então, numa noite de sexta-feira, um garçom notou que o barão não estava em seu antigo posto no bar. Que diabo teria acontecido ao barão? Mas na terça-feira ele estava de volta, "curtindo os sons" como sempre.

Em algum momento nesse período, a mãe do barão, uma velha dama aristocrática já com os cabelos grisalhos, chegou ao Vanguard para ver o que havia acontecido ao seu filho na América – e, se pudesse, levá-lo de volta para a Suécia. Mas o barão não estava pronto para ir para casa.

"Sem dúvida, o barão está começando a sair por aí", disse um garçom. "Ele está com um horário novo; dias úteis no Vanguard e fins de semana na casa de Peggy Hitchcock em Millbrook, onde Dick Alpert e Tim Leary montaram seu Laboratório de Desenvolvimento Humano."

"Lá você vai ouvir um jazz excelente", disse o barão, reforçando seu convite. "Excelente, cara! Você conhece todos os safados. Eles tocaram para você no Vanguard, cara. Lá eles fazem um som melhor. O lugar fica lotado. Tamara dança – você conhece Tamara – uma gatinha linda. Ela dança no show que Dick montou. Por isso, por que não tira um fim de semana de folga? Dick vai adorar ver você. Tim está na Índia com seu guru, mas vai voltar. Isso vai lhe fazer bem, cara."

"Eu não sou nenhum fanático por LSD", disse eu ao barão.

"Ei, cara! Eles não estão passando essa droga lá. Nada de LSD – o LSD é ilegal. Você não soube?" O barão sorriu. "Entende o que eu digo? É ilegal, cara! Existem outras maneiras de abrir sua cabeça. Você precisa ouvir Dick dizer como é. Dick faz uma palestra depois do show – o Show Psicodélico, cara. É assim que Dick o chama. Eu comando as luzes. É demais, cara!" (Embora fizesse menos de um ano que o barão estava na América, ele já estava falando como os músicos negros de jazz com quem ele andava.)

Como eu disse, eu ainda estava atrás de uma idéia para as noites de segunda-feira ou, pelo menos, para a Conversa Franca final. Assim, eu disse ao barão: "Por que você não pergunta a Dick se ele pode trazer o show psicodélico dele até aqui? Ele pode alugar um caminhão. Eu pago. E você pode embalar tudo – câmeras, luzes estroboscópicas, projetores, mesas de som, cabos, todo o seu equipamento – e trazer aqui para o Vanguard. Dick atuará no show. Tamara dançará; você, barão, operará as luzes; eu fornecerei a banda de jazz. Cobraremos 4 dólares o ingresso. E eu contribuirei com 200 paus para o Laboratório de Desenvolvimento Humano de Dick".

"Perfeito, cara", exclamou o barão.

O barão não perdeu tempo. Na terça-feira seguinte, depois de seu fim de semana em Millbrook, ele apareceu entusiasmado e radiante com as notícias. "Dick está maluco com a idéia. Será a estréia do Show Psicodélico publicamente numa casa noturna! Uma grande oportunidade para difundir um anúncio em defesa do LSD."

Como apresentar o espetáculo ao público? Eu elaborava os planos de apresentação com o barão e ele os levava de volta a Millbrook para a aprovação de Dick. Consegui propaganda e um pouco de publicidade com esta mensagem: "Se você tomasse uma cápsula de LSD, que você não tomou, porque o LSD é ilegal (assim diz o governo), eis aqui o que aconteceria com você. O Teatro Psicodélico em sua primeira apresentação pública mostrará para você: Uma Noite de Simulação da Experiência com LSD".

Uma vez definida a data, a notícia se espalhou e naquela noite de segunda-feira o Vanguard, com seus 123 lugares, foi lotado por 300 pessoas. Lá fora, centenas mais estavam se comprimindo na tentativa de entrar.

Eu tive apenas raros vislumbres do espetáculo. Fiquei ocupado demais vigiando a porta e ajudando o caixa a desenganar aqueles que esperavam um pedaço de LSD pelo preço do ingresso. Sempre que podia, no escuro, eu dava uma olhada no barão, que estava encarregado da câmera de 16 mm e dos refletores.

O espetáculo começou. O barão soou um gongo japonês e lançou um spot branco sobre o palco, revelando um jovem vestido numa malha preta, bonito, o peito nu e os olhos severos. Um contrabaixo foi ouvido no escuro. "É Steve Swallow", sussurrou o barão. "Não me parece ser Steve", sussurrei de volta. "Eu me refiro ao sujeito no contrabaixo", disse ele. "Não dá para vê-lo – ele tocava com Stan Getz."

Durante dez minutos o camarada bonito de malha de ginástica fez uma demonstração extasiante de ioga e respiração profunda enquanto Steve continuava a tocar seu baixo. Dez minutos *pareciam* ter se passado.

Luzes apagadas! – e o barão tornou a soar o gongo japonês. Em seguida, uma vela acesa, um sujeito a segura. Ouvi uma voz sacerdotal na escuridão entoando uma oração ou talvez um manifesto.

Não há nenhuma introdução nesse espetáculo, pensei comigo, nenhum aviso, nenhuma idéia do que vem a seguir. Lá vai novamente o gongo japonês.

O projetor começou a matraquear. Na tela apareceu uma rã, o embrião de uma rã nascendo. Levou dez minutos para a rã conseguir. "A vida emergindo", entoou a voz sacerdotal. Um saxofone acompanhou o surgimento da vida e, então, apagaram-se as luzes.

A tela se iluminou novamente. Dessa vez ela mostrava flores coloridas, em movimento. O saxofone provocava as flores. Um balão vermelho surgiu. Estava caindo, adejando ao sabor do vento. O saxofone provocava o balão.

As luzes se apagaram e o barão mais uma vez soou o gongo japonês. Ouvi no escuro um rufar no surdo da bateria, depois um poderoso estrondo no tambor grave e, de repente, uma luz estroboscópica começou a piscar no palco, e em seguida outra luz estroboscópica. Tamara, em um biquíni, estava dentro do facho de luz pulsante, espasmódico, fazendo dança do ventre. Os tambores a incitavam. Ela realmente era tão bela quanto o barão havia dito.

Blecaute e todas as luzes da casa se acenderam.

Dick Alpert, parecendo um estudante de pós-graduação muito velho, surgiu sorridente e feliz. Foi recebido por prolongado aplauso e gritos de saudação. Ele queria dizer algumas palavras e responder perguntas. Estava contente por ver o entusiasmo das pessoas. Estava contente por encontrar o interesse e apoio que lhe eram demonstrados.

Tamara, vestida num sári e carregando uma bandeja, começou a distribuir jujubas. Houve um sentimento de felicidade e celebração.

"Alguma pergunta?", perguntou Dick.

Uma senhora levantou a mão. "Por que o governo tornou o LSD ilegal?", queria ela saber.

"Porque o governo tem medo, é por isso", disse ele.

Houve outras perguntas e respostas, mas o tema da noite era esse – a proibição do LSD pelo governo. Em um dia não muito distante, disse Dick, ele esperava que essa droga benéfica fosse novamente disponibilizada ao gênero humano.

Eram cinco da manhã quando conseguimos tirar todos dali. Não foi fácil. Depois nos sentamos para avaliar a noite: o barão; Ralph Metzer e Richard Hollingsworth, ajudantes e seguidores de Dick; Pete La Rocca, o baterista; e Steve Swallow, o baixista. Concordamos que havia sido uma grande noite.

"Eu não sabia que Dick tinha tantos seguidores", disse eu. "Mas qual foi o motivo da constante comoção junto à porta?"

"Ah, era gente querendo ir lá fora tomar um pouco de ar fresco e se certificando de que o caixa os deixaria entrar novamente", disse Pete casualmente.

"O que havia lá fora além do ar fresco da Sétima Avenida?", perguntei.

"Fartura", disse o barão sorrindo.

"O que você quer dizer com fartura?", tornei a perguntar.

"Fartura."

"Não vi nenhuma transação, nenhuma venda, nenhum dinheiro passando", disse eu. "Não vi nenhum LSD."

"Como é o LSD?", perguntou o barão, ainda sorrindo.

"Não sei. Eu nunca vi", tive de admitir.

"Não eram as jujubas de Tamara", disse Pete. "Mas metade da multidão estava viajando."

"Viajando? Metade deles estava viajando?", repeti com o olhar vazio.

"É o que Pete diz." O barão me dirigiu um sorriso protetor. "Alguém estava passando a droga, cara."

"Quem estava passando qual droga?", quase gritei.

"Pega leve, cara", disse o barão. "Eu nunca vi tamanha multidão em sua espelunca. Você poderia programar o Teatro Psicodélico *toda* segunda à noite – faria uma fortuna."

"Toda noite de segunda-feira!"

"É, cara, por que não? Não aconteceu nada. Tim Leary estará de volta esta semana e falarei com ele."

"Não aconteceu nada? Você diz que não aconteceu nada? Eu poderia ter perdido a droga da minha licença, isso é o que *poderia ter* acontecido."

Achei que eu já tinha visto de tudo e mais um pouco no Vanguard. E Deus sabe o que eu vi ao longo de todos os anos em que estou no ramo de boates: tiras, bêbados, guerrilheiros urbanos procurando briga, caras saindo sem pagar a conta, garanhões incomodando mulheres, uma festeira em cima da mesa deixando a saia cair para todos verem. Eu conseguia flagrar e controlar tudo.

Eu não sabia que poderia ser levado para o xadrez por um barão sueco e um bando de psicodélicos vindos do norte do Estado.

OS RUSSOS SÃO CARAS LEGAIS

Certa tarde um assistente do Departamento de Estado me ligou da capital, Washington, e me perguntou: será que o Village Vanguard concordaria em mandar a banda de Thad Jones e Mel Lewis para a Rússia? – de fato, essa banda de jazz com dezessete integrantes, cheia de gás e balanço, tocava no Vanguard toda noite de segunda-feira com uma semana ocasional de intervalo e vinha tocando no Vanguard durante oito anos toda noite de segunda-feira. Eu concordaria em mandá-los para a Rússia para levar jazz aos russos? Em troca, os russos nos enviariam uma companhia de bailarinos ou um palco inteiro de cantores de música popular da Sibéria.

"Fantástico!", exclamaram Thad e Mel, os líderes da banda, quando lhes contei o que o Departamento de Estado pretendia.

"Dessa vez você terá de ir conosco, Max", disse Thad. "Você não foi com a banda para o Japão no ano passado. Além disso, você veio da Rússia, não veio?"

"É! Minha mãe me trouxe de Vilna no convés com a bagagem quando eu devia ter uns 2 anos."

"Então está resolvido", disse Thad.

O Departamento de Estado calculou que a banda do Vanguard daria ótimos embaixadores da boa vontade no programa de intercâmbio cultural então em curso com os russos. Thad era negro; Mel era branco e judeu; Dee Dee Bridgewater, nossa vocalista, era negra e linda; Jerry Dodgion, o saxofonista contralto, era branco; Richard Davis, o baixista, negro. Isso mesmo. Uma banda de dezessete músicos brancos e negros tocando jazz, e juntos, no Vanguard.

Um acompanhante do Departamento de Estado designado para a banda nos esperava em Londres. Ele parecia um estudante recém-formado, falava russo e seu nome era Bob. Logo de imediato estabelecemos relações informais com ele, todos se tratando pelo primeiro nome. Thad tinha essa capacidade – Thad, 90 quilos, 1,92 m, cara larga, radiante, feliz e cheio de energia.

Quando a banda chegou a Leningrado, encontramos vinte russos aguardando na estação para nos cumprimentar. (Soubemos depois que eram músicos de jazz russos.) Estavam acenando e sorrindo por trás de um piquete controlado por dois policiais russos. Um deles exibia sem parar uma velha foto de Thad quando este estava com a banda de Count Basie. Caminhamos na direção deles. Milagre dos milagres: eles falavam inglês! Podíamos entendê-los!

Um russo reconheceu Jimmy Knepper, nosso trombonista, lembrou-se dele quando Jimmy estivera na Rússia dez anos antes com a banda de Benny Goodman. Outro russo saudou Dee Dee Bridgewater. Ele a havia conhecido no ano anterior quando ela esteve na Rússia com a banda de jazz da Universidade de Illinois.

Quem era eu?, quis saber um russo. Eu não parecia pertencer à banda.

"Ele é o empresário do Village Vanguard", gritou Thad, socando meu ombro. Thad gostava de aumentar um pouco as coisas.

"O Village Vanguard!" Eles sabiam tudo sobre o Village Vanguard. "*Sonny Rollins, Live at the Village Vanguard! John Coltrane, Live at the Village Vanguard!*"

Eles tinham os discos em suas coleções. E *Blues for Max* de Dizzy Gillespie – eles tinham esse disco também. "Então, este é Max! Max Roach!"

"Não, camarada, este não é Max Roach. Este é outro Max", disse Thad.

"Esses russos são legais", cochichou-me ele.

Thad havia levado uma caixa de papelão com discos que a banda gravara "Ao Vivo no Vanguard".

Se eles passassem no Hotel Moskva, disse Thad a eles, onde a banda ficaria hospedada, ele teria muito prazer em lhes dar alguns. E os convidou aos bastidores depois do concerto daquela noite, o primeiro de cinco concertos programados para a banda em Leningrado.

Ao chegar, ficáramos sabendo que a procura por ingressos fora tão grande que os russos tiveram de transferir o local dos concertos de seu Auditório Outubro, com 3 mil lugares, para uma pista de hóquei no gelo adaptada para comportar 6 mil lugares.

O saguão estava lotado quando chegamos ao hotel. Um russo trouxe sua garota, cantora, para conhecer Thad. Ela havia chegado num vôo de Tbilisi para o concerto naquele dia, usava um terninho vermelho, como nossas garotas na América, e falava inglês. Ela tinha uma banda própria em Tbilisi, segundo fomos informados, e tinha "um número de jazz em seu repertório", como proclamou ela orgulhosamente.

Nossa banda iria fazer um concerto em Tbilisi mais tarde em nossa turnê, mas ela tinha uma programação para tocar com sua banda na Turquia na mesma data, e por isso ela voara 1.600 quilômetros até Leningrado para nos ouvir. Ela disse que não perderia nossa banda nem por todos os rublos do mundo. "Não é sempre que se tem uma chance de ouvir jazz ao vivo na Rússia", disse ela.

"Maravilha!", exclamou Thad.

Os russos no saguão se aproximaram e se apresentaram. Um deles era um simpático cavalheiro barbudo de Moscou, um físico que chegara naquela manhã a Leningrado vindo de Praga, onde havia assistido a um concerto dos Jazz Giants de Dizzy Gillespie em turnê pela Europa Central. Depois, chegaram dois irmãos de Vilna, rádio-tecnólogos, e um garoto de Riga que tinha um visto para Israel, segundo ele me disse depois. Todos tinham vindo a Leningrado para assistir aos concertos, haviam comprado ingressos com meses de antecedência.

Thad sorriu para eles. Será que Cass, nosso coordenador de bagagens, poderia dar um pulo lá em cima e trazer aquela caixa de discos que Thad trouxera de Nova York? Thad abriu a caixa e deu um disco para cada um dos russos. Era como se estivesse dando a eles bandejas

THAD JONES

de ouro, pelo modo como recebiam os discos. Não conseguiam acreditar no que viam, discos de jazz, preciosos discos de jazz.

Thad lhes disse que esquecessem aquele disco, que a banda, "a maior banda do país", havia acabado de gravar outro pouco antes de embarcar para a Rússia. Ele teria de voltar ao trabalho de mixá-lo assim que voltasse para os Estados Unidos.

"E enviarei um para vocês quando estiver concluído, basta que vocês me deixem seu endereço em um pedaço de papel."

Um russo confidenciou a Thad que para ele ter certeza de que eles receberiam o disco, deveria incluir no envelope um artigo impresso de caráter educacional. Assim, os discos lhes seriam entregues. Caso contrário, um mero disco de jazz do Ocidente poderia se perder em trânsito, entende o que eu digo?

Depois de alguns drinques no pequeno bar sem cadeiras no terraço, Bob, o representante do Departamento de Estado, lembrou a Thad que seria melhor ele se despedir dos russos porque o jantar estava prestes a ser servido no restaurante no andar de cima reservado para a banda.

"Será que a garota cantora de Tbilisi poderia acompanhar a banda para o jantar?", perguntou Thad.

"De jeito nenhum!", disse Bob e lembrou a Thad que ele não estava em casa, mas na Rússia, e para que não se esquecesse disso. "Na Rússia você não pode convidar um russo para jantar."

Bob pediu a Cass que fizesse o favor de encaminhar os homens para o restaurante.

"*Payakile!*", gritou Cass. Ele havia acabado de aprender a palavra com um dos russos e pensou em experimentá-la conosco. "*Payakile!*", gritou ele novamente. "Vamos andando, homens!", disse ele, traduzindo.

Os russos ficaram por ali sorrindo, enquanto nos observavam tomando o rumo da escada que dava para o restaurante.

O que se faz na Rússia depois do concerto da noite de estréia? Reunimo-nos no quarto de Thad no terceiro andar, um quarto grande, para comemorar e conversar sobre o acontecido. "Será que alguns músicos russos e a garota de Tbilisi passariam aqui para nos ajudar a celebrar?" Thad os havia convidado.

Thad apresentou uma garrafa de vodca que ele comprara na loja de presentes do saguão do hotel. "É onde se compra vodca na Rússia, cara – em uma loja de presentes."

"Vocês sabiam que os russos inventaram a vodca?", perguntou Roland Hanna, nosso pianista. "Vocês beberam isso a vida toda e acham que ela é de Nova Jersey."

"E caviar! Vocês sabiam que os russos inventaram o caviar? Eu curto os russos. E o jeito que eles aplaudem? Juntos, em harmonia, como se alguém lá em cima os conduzisse."

"Eles amaram Dee Dee cantando. Quando ela disse aquelas palavras russas que Bob ensinou a ela, dizendo que estava contente por estar na Rússia, cara, aqueles russos ficaram malucos!"

Thad caminhou até Dee Dee, tomou a cabeça dela suavemente em suas mãos enormes e lhe plantou um beijo na testa.

"Você merece, linda."

Virando-se então para mim: "Por que o chão da pista de gelo não foi usado para assentos?", perguntou Thad. "Por que foram usados apenas os assentos que circundavam a tribuna principal, quando havia tanta gente do lado de fora querendo entrar? Deve ser alguma lei", imaginou ele.

"No Vanguard, nas noites de segunda-feira, quando a boate está transbordando, com lei ou sem lei, você vende o assento do banheiro masculino. Eu vi você fazer isso", gritou ele, socando meu ombro e soltando uma risada que estremeceu o quarto.

Thad logo descobriu que tudo acontece cedo na Rússia. Era só meia-noite, os russos não viriam e a garrafa de vodca estava seca. Thad pediu a um dos homens que corresse até o saguão para buscar outra. O homem voltou de mãos vazias. A loja de presentes estava fechada. O saguão estava escuro e a zeladora, uma senhora de meia-idade, parecia preocupada com o barulho que vinha do quarto de Thad.

Thad estava dizendo que ainda podia ouvir o aplauso contínuo dos 6 mil russos que lotaram aquela pista de gelo. E havia mais quatro concertos programados para Leningrado! "Amanhã à noite depois do segundo concerto", disse ele, "nós vamos fazer algo diferente".

"Uma *jam session*! É isso – uma *jam session* com os músicos russos, logo depois do concerto de amanhã à noite. Aqui mesmo neste quarto.

Tem bastante espaço. Todos trarão seus instrumentos, os russos trarão os deles. Compraremos umas duas garrafas de vodca, um pouco de caviar. Você trouxe alguma grana extra?", ele me perguntou.

Quando Thad propôs a idéia de uma *jam session* a Bob, que estava conosco, Bob pareceu ficar preocupado. "Isso vai precisar de uma negociação pesada com os russos. O Departamento de Assuntos Culturais. Eles nunca ouviram falar de uma *jam session*, e não vão gostar."

O café-da-manhã foi às onze da manhã no pequeno refeitório do andar de cima destinado à banda. Era meio-dia quando Bob e seu colega do Departamento de Assuntos Culturais russo chegaram. Um russo grandalhão, com cara de sonso e cabelos encaracolados – "Cannonball", foi o apelido que Thad lhe deu, porque se parecia com Cannonball Adderley, o grande saxofonista alto americano. Eles estavam atrasados para o café da manhã porque haviam passado toda a manhã ao telefone, tentando falar com o homem certo no andar de cima dos escritórios do Departamento de Assuntos Culturais que poderia dizer *da* ou *nyet* para a idéia da *jam session* que Thad havia proposto.

Finalmente o haviam localizado. Uma decisão fora tomada – promulgada. Bob e "Cannonball" se sentaram a nossa mesa, pediram xícaras de café e se prepararam para nos expor os fatos. "Cannonball" estava com a bola.

"Vamos cuidar para que não haja nenhum mal-entendido, por favor", começou ele. Ele falava com cuidado, meticulosamente, escolhendo lentamente suas palavras em inglês. "Esse *musicale*, essa *jam session* como vocês chamam, entre músicos de jazz americanos visitantes e alguns seletos músicos russos viciados em tocar música ocidental de tipo jazz é, por este meio, autorizada."

"Mais importante", continuou "Cannonball", "esse *musicale* tem que acontecer à tarde, não na noite depois do concerto ou nas primeiras horas da manhã. Entendido? Na Rússia as pessoas precisam levantar cedo de manhã para trabalhar. Aqui não é a América."

"Será reservada uma sala da pista de gelo para o evento. Está programado também um ônibus para transportar os músicos participantes e trazer vocês para este hotel quando o evento terminar."

"Fantástico!", gritou Thad, quando ouviu que a *jam session* estava aprovada. Não era exatamente o que ele tinha em mente – ele nunca fora a uma *jam session* à tarde, em plena luz do dia. O jazz precisa da noite, mas era melhor que nada. Ele se levantou, abraçou Bob e agarrou a mão de "Cannonball". "Você é um cara legal", gritou ele.

Havia uma dúzia de músicos russos esperando por nós quando, terminado o nosso café-da-manhã, nos dirigimos para o saguão. Quando os músicos russos souberam que haveria uma *jam session* às três da tarde daquele dia, os que não estavam com seus instrumentos correram para casa para apanhá-los. Nunca havia passado por suas cabeças que tal evento maravilhoso e sem precedentes pudesse acontecer com eles, tocar jazz ao vivo na Rússia com músicos americanos.

Comprei alguns rublos da senhora na recepção; depois, Thad me levou até a a loja de presentes do saguão. Pedimos duas garrafas de vodca, uma lata de meio quilo de caviar, seis pacotes de bolachas, alguns copos de papel e uma colher. "Isso deve dar", disse Thad.

Com nosso passeio turístico daquela tarde adiado, ficamos no saguão do hotel, esperando os músicos russos aparecerem. Fazia uma meia hora que estávamos lá quando Thad avistou os dois irmãos de Vilna e o jovem que estava de viagem para Israel. "Eles não são músicos, mas, que diabo, vou convidá-los assim mesmo", disse Thad. "Uma *jam session* precisa de uma platéia. E ali está a gatinha de Tbilisi. Eu preciso ouvir ela fazer aquele número de jazz de seu repertório antes de ir embora da Rússia."

"E quanto àquela simpática dama da Intourist que se senta ao meu lado no ônibus do passeio?", perguntei a Thad. "Ela quer vir."

"Chame-a", exclamou ele. "Como dizemos lá em casa, sempre cabe mais um."

Ocorreu-me que talvez Thad estivesse dando à *jam session* uma dimensão maior do que a prevista pelo Departamento de Assuntos Culturais. Mas não o contive, e nem poderia, mesmo que eu tentasse.

"Payakile!", bradou Cass quando embarcávamos no ônibus.

Quando o ônibus lotado que levava nosso grupo, os músicos russos e os convidados que Thad convidara – todos em um humor festivo – chegou à pista de gelo, deparamos com dois policiais junto à entrada e mais dois policiais em um jipe esperando por nós.

"Algo está acontecendo", disse Bob. "Esses aí não são policiais comuns; são do escritório. Um é tenente-coronel da polícia, e se os russos mandaram um tenente-coronel, deve ser algo importante."

Inspecionando-nos cuidadosamente, um policial abriu a porta da pista de gelo para nos deixar passar. Ele estava deixando *nós*, americanos, passar. Os russos, ele tocava para o lado: "*Nyet!*".

"Que diabo está acontecendo?", perguntou Thad.

Estávamos lá dentro e podíamos ver os russos pela porta de vidro, parados do lado de fora, em total desalento.

O diretor, um homem corpulento e bem barbeado, veio nos cumprimentar. Ele se dirigiu a Bob em russo; Bob poderia lidar com ele. Tínhamos ouvido Bob falar russo com os russos antes, mas nunca tão depressa. Ficamos olhando para o seu rosto pálido, sem entender uma palavra.

"O que há?", perguntou Thad.

"Nada de *jam session*, isso é o que há", disse Bob.

"Está brincando!"

"O diretor é um cara legal, mas a decisão não cabe a ele. Ele recebeu um telefonema. Foi lá em cima fazer outra ligação."

O diretor, pálido, preocupado, regressou imediatamente e retomou seu diálogo com Bob, que o passou para nós em inglês. "Podemos usar as instalações deste estabelecimento esta tarde", disse o diretor, "na verdade, qualquer tarde durante nossa permanência em Leningrado, mas não os músicos russos, ele lamenta dizer, nem os outros convidados que o senhor Jones tinha convidado."

"Nós não vamos usar as instalações deste estabelecimento sem os russos", disse Thad.

"Esta – como é que vocês chamam? – *jam session*, ganhou uma dimensão imprevista. Assumiu proporções inaceitáveis e pode se mostrar um embaraço, trazer sérias conseqüências, quem pode saber? O veredito chegou: é melhor ser adiado", disse o diretor.

"Não há nada mais que eu possa dizer", disse o diretor voltando-se para nós, dessa vez em inglês. "A decisão não cabe a mim. Talvez eu deva dar outro telefonema? Sim?"

"Vamos embora, pessoal", disse Thad.

"*Payakile!*", gritou Cass enquanto nossos homens se dirigiam ao ônibus.

"Mas primeiro preciso parar e me desculpar com os russos", disse Thad.

Estávamos sentados no ônibus semivazio, calados e pensativos, esperando Thad se desculpar com os russos. Podíamos vê-lo pelas janelas do ônibus. Alguém no ônibus abriu uma garrafa de vodca, tomou um gole e a passou para o próximo.

Thad está demorando muito, pensei. O que estaria ele dizendo aos russos? E o que ele está fazendo com seu trompete fora do estojo? Bela hora para ficar mostrando seu trompete aos russos enquanto estamos sentados aqui esperando por ele.

De repente, ouvimos o som de um trompete, ou seria uma corneta, seguida por uma série rápida de frases musicais.

"O que é aquilo?", disse Cass.

"É um Dó", disse Mel.

"Max, por favor, vá atrás dele", disse Bob, como se eu tivesse alguma autoridade sobre Thad.

Não me mexi. Thad que encontre seu caminho de volta ao ônibus, decidi.

Não se passaram cinco minutos e já ouvíamos os passos de Thad no cascalho e vimos seu rosto à porta do ônibus. Ele parecia com cara de poucos amigos.

"O que aconteceu?", foi a frase que chegou a ele de todos os lados do ônibus quando ele se sentou perto de mim. O motorista deu a partida no ônibus e fomos embora.

Thad ficou sentado em silêncio por alguns quarteirões. "Eles detiveram um deles", disse ele finalmente. "O policial anotou o nome dele em seu pequeno livro negro e o mandou para casa. O que você acha disso?"

"Detiveram? Por quê? Por tocar o trompete?"

"Eu é que toquei meu trompete."

"Vandalismo – ele *deixou* você tocar – Certo?"

Thad tomou um longo trago da garrafa de vodca e a passou para mim. "Eu não sei, não sei por que o detiveram." Depois, virando-se para mim, ele disse: "Você é um puta cara inteligente. Por que prenderam aquele cara, e por que não deixaram ele voltar no ônibus conosco? Por que eles disseram sim e depois não para a *jam session*? Por quê?".

"O que me parece é que eles não querem que você fique por aí zoando com os homens deles, Thaddeus Jones – é isso que me parece", disse eu como se soubesse do que estava falando.

Naquela noite depois do concerto, Thad e eu decidimos dar uma volta. O porteiro do hotel nos lançou um olhar desconfiado quando passamos pela porta. Caminhamos um quarteirão e notamos alguns táxis estacionados defronte a uma porta escura que ficava abrindo e fechando, com gente entrando e saindo. Entramos. O lugar estava lotado. Havia um bar. Sentamo-nos e pedimos uísque, pelo qual só poderíamos pagar com dólares. Tomamos dois drinques cada, saímos e voltamos para o hotel.

Ainda era muito cedo para ir para a cama, mas já que não havia nada melhor a fazer, decidimos dar a noite por encerrada.

"Eu ainda não sei o que aconteceu", disse Thad. "Os russos são caras legais, mas eu não os entendo." Ele abriu a palma de sua mão para eu dar um tapa, um gesto característico dos homens do jazz quando chegam a um impasse ou a uma conclusão.

Embora descobríssemos que era verdade que na Rússia não se pode convidar um russo para jantar, e que não se pode esperar que ele nos convide para ir a sua casa, mesmo assim, isso aconteceu comigo. A dama russa de meia-idade da Intourist, que ia conosco no ônibus que nos levava para passeios diários por Leningrado, me convidou para tomar café e comer bolo em seu apartamento, que ela dividia com seu irmão, um pianista. Eu disse que teria prazer em ir.

Uma vez que ela mal falava inglês e eu não sabia falar nada em russo, ela fez o convite através de Woody, nosso segundo assistente do Departamento de Estado. (Tínhamos dois.)

Woody e eu fomos para o apartamento dela no ônibus urbano. A tarifa era de 4 copeques, depositados numa caixa de vidro na entrada. Mas não era preciso fazer isso; ninguém vigiava. Na Rússia eles usam nos ônibus o sistema de honra – o que vocês acham disso? Mas se você não depositasse seus copeques, os russos o chamavam de "coelho".

"Por que coelho?", perguntei. Woody não sabia.

Quando chegamos ao pequeno apartamento de três quartos, a mesa estava posta, o café no fogo e um prato de pães doces esperava no centro da toalha branca da mesa.

Vi um piano Bechstein no aposento ao lado. O irmão dela estava em excursão na Bessarábia, disse ela a Woody que traduziu para mim enquanto nos sentávamos, e ela começou a servir o café.

Notei um cartaz numa parede – um cartaz colorido mostrando quatro figuras masculinas em malhas colantes dançando, com a inscrição "Les Frères Jacques" em letras grandes. Olhei de novo para me certificar. Tenho o mesmíssimo cartaz em uma parede de meu apartamento em Nova York – Les Frères Jacques, um grupo de canto e dança que trinta anos atrás se apresentara no Blue Angel. Eles me haviam dado um de presente.

"Qual é a palavra russa para 'fantástico'?", perguntei a Woody.

"E eles trabalharam para você trinta anos atrás em Nova York? Que estranho!", disse ela.

"Todo ano eles vêm de Paris para cá para fazerem apresentações. Eles nunca deixam de me ligar. Somos amigos. Tomamos café juntos."

"Sim, na verdade, o pessoal muda", disse ela, triste. "De tempos em tempos, há uma cara nova no grupo. Mas ainda são os mesmos Les Frères Jacques e o material deles ainda é de autoria do poeta Jacques Prévert."

Ela esperou que Woody traduzisse suas palavras, um sorriso brincando em seu rosto enquanto ela escutava e esperava para ver os efeitos que suas palavras estavam produzindo em mim.

"Por que você não vai para Nova York algum dia?", disse eu subitamente.

"Isso seria, como você disse, 'fantástico'. Mas", acrescentou ela com tristeza, "um tanto impossível."

Não precisei da ajuda de Woody para captar o que ela queria dizer.

AO VIVO NO VILLAGE VANGUARD

Toda noite era sempre a mesma coisa quando estávamos fechando às quatro da madrugada. Sempre havia alguns insones e vagabundos notívagos que iam ficando e não queriam ir embora para casa. Algum lugar para fazer uma boquinha, uma saideira antes de ir para a cama, qualquer lugar, só para sentar e conversar e consumir as horas da manhã enquanto Nova York dormia.

Eu também nunca queria ir para casa; era minha única vida social. Além disso, onde era minha casa? Um quarto mobiliado na rua 12 Oeste. Quando eu estava começando com o Vanguard, de seis em seis meses me mudava para outro quarto mobiliado no Village. Foi só em 1947 que me casei com Lorraine e me mudei para a rua 94 Leste. Aí eu tinha uma casa para onde ir. Eu chegava em casa a tempo para a mamadeira das quatro da manhã de minha filha Rebecca. Mas tudo isso foi depois.

Em 1941, Burl Ives estava no Vanguard. Na época havia lugares em Nova York que não existem mais. O Lindy está fechado; soube que o Reuben já se foi e a Stage Delicatessen fecha cedo. Mas hoje isso não faz diferença – mesmo se tentasse eu não conseguiria comer um sanduíche de pastrami quente com mostarda às cinco da manhã. Eu me lembro das manhãs em que conseguia. Tomávamos um táxi para o Reuben na rua 59, muito tarde para um drinque mas a tempo para um sanduíche. Eu me lembro de Burl devorando um dos gigantescos *steak tartar* com cebola que serviam lá. Depois de terminar um, ele pedia outro. Eu ficava arregalando os olhos diante de seu apetite. Ele estava morando em uma casa flutuante no East River e, por isso, quando saíamos do Reuben, eu o deixava tomar o primeiro táxi da fila.

Depois eu tomava um táxi para o Harlem até a espelunca de Dickie Wells, aberta a noite inteira, onde me conheciam. Eu não conseguia beber o uísque que eles serviam, mas sempre havia uma garota que bebia. Antes que me desse conta, eram sete da manhã. Nas ruas, no ar cinzento da manhã, viam-se homens correndo para o metrô a caminho do trabalho, levando o almoço em sacos de papel pardo. Eu acenava para um táxi e parava para comprar o *Morning World*. Ia para a cama e perdia mais sono lendo a coluna de Heywood Broun.

Quando não era um sanduíche no Reuben, eram ovos mexidos no Lindy. E acabaríamos no Howdy Club, quando este ainda ficava na rua 10 Oeste, próximo ao corpo de bombeiros.

Quase sempre alguém do grupo fazia essas duas perguntas: Como você entrou no ramo? Como se manteve funcionando todos esses anos?

Freqüentemente recebo telefonemas de universitários que estão escrevendo trabalhos de curso, estudantes de faculdades onde se oferecem cursos de história do jazz ministrados por professores de jazz, alguns dos quais tocaram jazz poucos anos atrás no Vanguard. Alguns ainda o fazem quando suas obrigações acadêmicas o permitem – durante os verões ou feriados de Natal eles fazem um show a fim de se manterem afiados em seus instrumentos e ganharem alguns trocados extras.

Seus alunos querem me ver e me fazer perguntas. "A história da sua boate, cara."

Assim, eles aparecem munidos de gravadores de fita cassete e começam a me fazer perguntas. Invariavelmente, a primeira pergunta que fazem é: como você conseguiu se manter em funcionamento todos esses anos?

"Irmãos e irmãs", digo a eles, "essa é a história da minha vida. Vocês não dispõem do tempo, eu não disponho do tempo para repassar tanta história em uma única tarde. Perguntem-me alguma coisa simples, nada tão abrangente assim, se isso for conveniente para vocês. Lembrem-se de que ainda estou nisso, ainda administrando esta espelunca, ainda tentando encontrar as respostas."

Uma moça do último ano do Rutgers College, bonita, entusiasmada e autoconfiante, preparou seu gravador para uma nova arrancada e me deu um sorriso de vamos-lá. "Relaxe, querido", ela disse. "Você não precisa começar do princípio comigo. Faz anos que venho ao Vanguard. Você não me notava, mas eu o via por aí, fazendo o que você está fazendo. Eu me perguntava: 'será que ele nunca tira uma noite de folga?'."

"Eu estou aqui todas as noites, seja ou não necessário", disse eu.

"Você realmente aproveita todas as noites?"

"Administrar o Vanguard não é só preocupação e aborrecimento", assegurei a ela. "Se eu entro e o show já começou, e vejo que o público é bom, que os homens da banda foram pontuais naquela noite, as luzes estão certas e o volume da música está certo, e ninguém está importunando Jerry, o caixa, à porta, que o ar-condicionado está funcionando e a máquina de gelo está produzindo gelo, e o novo homem da cozinha não está dormindo numa cadeira como às vezes acontece, não fico aflito – nenhuma aflição – administrando o Vanguard naquela noite."

"Você já passou por algum momento difícil, administrando a casa? Eu quero dizer difícil mesmo", perguntou-me ela, ainda sorrindo.

"A noite no início dos anos 1930 em que um homem da Con Edison entrou com uma conta e intimações, e um policial para ajudá-lo – esse foi um momento difícil. Eles desligaram o gás e os medidores de eletricidade e deixaram o Vanguard na completa escuridão. Pensei que eu estava acabado."

"E o que você fez?"

"Trabalhei naquela noite à luz de velas. Pedi emprestado 100 dólares de minha irmã no dia seguinte, saldei a conta e entrei em atividade novamente.

"Houve outras noites difíceis", eu disse. "A noite que passei na delegacia de polícia da rua Charles, por exemplo. Um cliente furioso tinha escrito uma carta ao prefeito reclamando de grafites obscenos, rimados e sem rima, nas paredes do banheiro masculino. Eu não tinha notado. O policial que veio fazer a inspeção me informou que tolerar – de fato, encorajar tais obscenidades como a carta proclamava (ele me mostrou a carta) – era um grave delito. 'Por isso, o senhor está preso', disse o policial com tristeza."

"Às nove horas daquela manhã fui levado de camburão até o tribunal de Jefferson Market. O juiz ouviu o depoimento do policial da detenção e depois de me lançar um olhar atento, anunciou seu veredito.

"'Eu não acredito', disse o juiz, 'que os poetas responsáveis por esse estabelecimento tenham escrito esses garranchos lamentáveis nas paredes do banheiro masculino para com isso melhorar os negócios, como afirma esta carta de reclamação. Eu vou lhe dar um pequeno conselho', disse o juiz. 'Tenha sempre à mão um balde de tinta e um escovão. É como se administra uma boate no Greenwich Village. Caso encerrado.'

"Se eu pudesse me lembrar do nome daquele juiz. Eu gostaria de encontrá-lo, apertar sua mão. Era um grande juiz. Ele poderia ter me punido com rigor."

"Assim, os anos se acumularam e aqui está você, ainda na administração de sua casa toda noite, tal como costumava fazer..."

"Não, não como eu costumava. Eu não fico até as últimas conseqüências. Eu costumava ir para a cama às sete da manhã. Agora estou de pé às sete da manhã, tomo o café depois que me levanto, não antes de ir para cama como eu costumava fazer."

"Alguma vez você se enfureceu no Vanguard?", perguntou ela. "Quer dizer, você já lamentou ter aberto a casa?"

Essa era fácil de responder. "Nos dias em que Elton não aparecia".

"Quem é Elton?"

"Elton era o cozinheiro, lavador de pratos, porteiro, homem da cozinha – trabalhou na casa durante trinta anos. Quando ele não aparecia porque tinha sido assaltado ou estava perdido e bêbado em algum bar do Harlem, aí eu ficava realmente uma fera no Vanguard.

“Eu arregaçava as mangas, apanhava a vassoura, o esfregão e o balde e passava a varrer, esfregar e lavar o Vanguard – para deixá-lo em ordem novamente para a noite. Muitas foram as noites em que tive de fazer isso.

“Não, eu não demiti Elton. Não o demiti pela qualidade de seus hambúrgueres. Os músicos que trabalharam na casa e estão entre um trabalho e outro ainda vêm procurar os hambúrgueres de Elton.

“‘Cara, o que você pôs nesses hambúrgueres?’, eu lhe perguntava e ele dizia: ‘Carne, cara, muita carne vermelha’.

“Elton era um homem muito prático. Ele começou na cozinha de um restaurante judeu do Bronx. Quando se sentia disposto, cozinhava *kasha varnishkes* para os empregados, e pudim de arroz e peixe *gefilte*.

“Não servimos mais hambúrgueres no Vanguard, não depois que Elton se aposentou. Ele economizou dinheiro e no ano passado se aposentou. Quando pode, ele ainda vem aqui. Entra na cozinha, sem tirar o chapéu, põe de lado a bengala, vai até a pia e começa a lavar os copos – para mostrar ao atual lavador de copos como deve ser feito. Ele ergue o copo para a luz para ver o que ele não quer ver.

“‘Cara, esse sujeito não sabe lavar copos.’”

“Eu explico a Elton que esse sujeito não é lavador de copos e que ele vai ser engenheiro, como o pai dele em San Diego, e só está lavando copos à noite para comer e pagar seus dias de estudo naquela escola de engenharia do Brooklyn.

“Elton não fica satisfeito.

“‘Ele que seja engenheiro se quiser. Mas lavar copos ele não pode’. E chama o sujeito até a pia para demonstrar o jeito honesto de deixar um copo limpo.”

“Quando Charlie Mingus trabalhou no Vanguard, ele chegava cedo para poder jantar antes de começar o show. Charlie trazia consigo o seu jantar. Não confiava na carne de hambúrguer de Elton e por isso trazia quase um quilo de filé moído que ele tirava de uma bolsa de couro que carregava a tiracolo. Depois de comer três ou quatro boca dos crus, ele dava o pacote a Elton. ‘Passa isso um pouquinho no fogo, irmão. E você tem alguma cebola sobrando por aí?’.

"Uma noite, enquanto Mingus revirava a bolsa em busca de seu pacote de carne, caiu um machadinho do tamanho de uma carteira de dentro de sua bolsa de couro. 'O que essa coisa está fazendo na bolsa de Charlie?', perguntei uma vez a Elton, já que Mingus estava no palco.

"'Você não sabia que Charlie carrega essa coisa na bolsa?'"

"'Para que ele quer um machado?'"

"'Eu é que não vou perguntar para ele', disse Elton."

"Elton sabia que não se devia fazer uma pergunta dessas a Charlie Mingus."

"E assim você está aqui há quase cinqüenta anos! Uau! Você deve ser um cara poderoso", disse a linda ultimanista do Rutgers.

"Você é uma mocinha linda", disse eu.

"Vai devagar", disse ela.

"Você quer beber alguma coisa?", perguntei.

"Um copo de vinho branco", disse ela, "desde que você não me peça para tomar outro."

"Quando você se forma?", perguntei.

"Quando eu tiver terminado de lhe fazer perguntas. Esse é meu trabalho de graduação."

"Pode me fazer a pergunta que você quiser", eu disse.

"Eu tenho só mais uma pergunta", disse ela, tomando o primeiro gole de seu copo de vinho, "e por favor me perdoe por perguntar isso: se você tivesse de fazer tudo de novo, o que você faria diferente?"

"Teria sempre um balde de tinta à mão, como o juiz do tribunal de Jefferson Market me disse que eu devia fazer."

"Eu falo sério", disse ela.

"Posso tomar outra taça de vinho, mesmo que você não vá tomar outra?"

Ela era uma garota inteligente e gostei de conversar com ela.

"Quando você se levanta muito cedo de manhã como eu, e a casa está em silêncio e você está sozinha, irmã, você tem tempo para pensar. E no que eu penso freqüentemente? Eu penso exatamente no seguinte: o que eu faria diferente se tivesse de fazer tudo de novo? Uma coisa que eu faria diferente seria nunca dar a ninguém o tratamento rude que dei a dois garotos, mais ou menos um mês atrás.

"Era uma dessas noites de sábado no Village Vanguard: a escada estava cheia de gente querendo entrar para o segundo show. Em todo caso, eu estava em meu posto habitual perto da porta, preocupado com a rotatividade, quando um garoto se dirige a mim.

"'Você é o proprietário?', disse ele. 'A gente vem muito aqui. Minha garota quer saber, você é o proprietário? Ela quer saber se o Vanguard tem um proprietário'.

"A casa está transbordando e aquele garoto ali me fazendo uma porção de perguntas estúpidas.

"'É, eu sou o proprietário, garotão', disse eu a ele, 'eu dirijo esta espelunca. Diga para a sua garota. Diga a ela que o Vanguard tem um proprietário. Onde ela pensa que está, na Prefeitura?'

"Ele se afastou como se tivesse levado um murro.

"Eu o observei voltando para sua mesa. Notei que ele e a garota nem sequer estavam bebendo. Talvez não fossem, afinal de contas, garotos tão novos assim. Talvez ela estivesse falando sério. Talvez não estivesse fazendo troça. Achei que já a havia visto antes na casa.

"Depois surpreendi a garota olhando envergonhada em minha direção. Eu deveria ter caminhado até ela, colocado meu braço em volta de seu ombro. 'Querida', eu deveria ter dito, 'eu não sou o proprietário. Você tem razão, o Vanguard não tem proprietário'. Era isso o que eu deveria ter dito a ela. Mas não disse.

"Você é doido", disse minha bela interlocutora do Rutgers. "Você é o proprietário. O Vanguard tem um proprietário. Por que você diria uma coisa dessas para ela?"

"Droga, ela que continue pensando que é a Prefeitura, se é isso que ela pensa. Isso responde sua pergunta?"

"Não", disse ela.

"Eu ainda não terminei", disse eu.

"Depois de dirigir uma boate durante tantos anos quanto eu dirigi, você descobre que depois de um tempo sua boate ganhou vida própria. Você a começou, você colocou nela suas idéias, suas esperanças e seus sonhos. Ela é sua filha, mas agora adquiriu vida própria, e é melhor você aceitar isso.

"Olhar em volta e ver o que está acontecendo com a casa que você iniciou. Não parar ali e gritar de alegria: 'Ela é minha! Farei o que quiser com ela. Eu sou dono dessa casa', como eu disse naquela noite à garota.

"Vá com calma, observe-a, cuide dela, more ao lado, se necessário. Fale com as pessoas e deixe que elas falem com você. Talvez você capte uma ou duas idéias novas ao longo do caminho."

ÍNDICE ONOMÁSTICO

CRÉDITOS FOTOGRÁFICOS

CAPA: © Gail Mooney/Corbis/LatinStock

GUARDAS:

Interior do Village Vanguard [Tim Hall/Redferns]

Vista do Greenwich Village em 1947 [Jerry Cooke/Pix Inc./Time Life Pictures/Getty Images]

p. 4: rua MacDougal em 1967 [Barton Silverman/New York Times Co./Getty Images]

p. 45: Joe Gould em 1943 [Philippe Halsman/Magnum Photos]

pp. 60-1: Judy Holliday em 1949 [Eliot Elisofon/Time Life Pictures/Getty Images]

p. 70: Woody Guthrie em 1955 [Hulton Archive/Getty Images]

pp. 76-7: Huddie "Leadbelly" Ledbetter em 1935 [Hulton Archive/Getty Images]

p. 87: Richard Dyer-Bennet em 1947 [Allan Grant/Time Life Pictures/Getty Images]

p. 98: Pete Seeger e The Weavers (Lee Hays, Ronnie Gilbert e Fred Hellerman) no Blue Angel em 1948 [Hulton Archive/Getty Images]

p. 115: Lenny Bruce em 1959 [Julian Wasser/Pix Inc./Time Life Pictures/Getty Images]

p. 124: Dinah Washington em 1954 [Bob Parent/Hulton Archive/Getty Images]

pp. 144-5: Sonny Rollins em 1955 [Bob Parent/Getty Images]

p. 153: Miles Davis em 1960 [Franz Hubmann/Imagno/Getty Images]

pp. 164-5: Charles Mingus em 1970 [Abbas/Magnum Photos]

p. 172: Rahsaan Roland Kirk em 1965 [Keystone/Stringer/Getty Images]

p. 185: Thelonious Monk em 1965 [Metronome/Getty Images]

p. 202: Thad Jones em 1960 [Metronome/Getty Images]

Coordenação editorial ALEXANDRE BARBOSA DE SOUZA
Projeto gráfico FLÁVIA CASTANHEIRA
Preparação NELSON FONSECA NETO
Revisão BRUNO GAMBAROTTO

Dados Internacionais de Catalogação na Publicacão (CIP)
(Câmara Brasileira do Livro, SP, Brasil)

Gordon, Max [1903-1989]
Ao vivo no Village Vanguard: Max Gordon
Título original: *Live at the Village Vanguard*
Introdução: Nat Hentoff
Tradução: Cid Knipel
São Paulo: Cosac Naify, 2006
232 pp., 17 ilust.

ISBN 85-7503-486 3

1. Entretenedores – Nova York (Estado) – Nova York
2. Gordon, Max, 1903-1989 3. Jazz – Estados Unidos – História
4. Música popular – Estados Unidos 5. Village Vanguard
(Nightclub) I. Hentoff, Nat II. Título

06-7944 CDD 792.7097471

Índices para catálogo sistemático:
1. Village Vanguard: Apresentações: Nova York: Cidade:
Artes da representação 792.7097471

COSAC NAIFY
Rua General Jardim, 770, 2º andar
01223-010 São Paulo SP
Tel [55 11] 3218 1444
Fax [55 11] 3257 8164
www.cosacnaify.com.br

Atendimento ao professor [55 11] 3823 6595

TIPOLOGIA Swift e Trade Gothic
PAPEL Paperfect 104 g/m²
IMPRESSÃO Geográfica
TIRAGEM 3000

RNISHED
OOMS
XAMINED
DRESSES
SPORT WEAR
DINING & DANCI
GRIDDLE
SOD